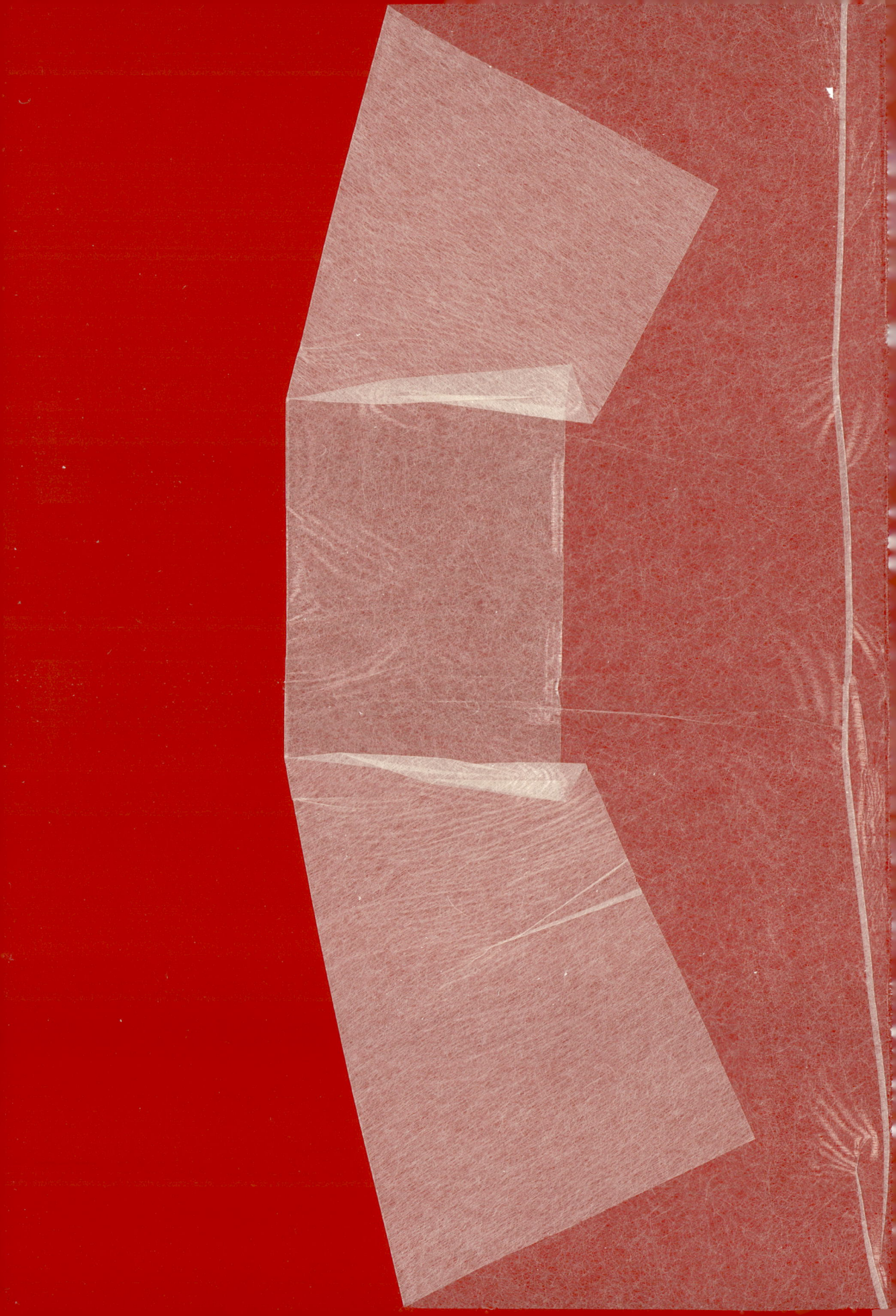

国家出版基金项目
NATIONAL PUBLICATION FOUNDATION

汉画总录

43

安丘

GUANGXI NORMAL UNIVERSITY PRESS
广西师范大学出版社

·桂林·

本研究由 2012 年度国家社科基金重大项目"中国汉代图像数据库与《汉画总录》编撰研究"资助

本专项研究得到吴作人国际美术基金会的赞助

HANHUA ZONGLU

项目统筹　汤文辉　李　琳
责任编辑　王辰旭　王倩云
装帧设计　李若静
责任技编　郭　鹏

图书在版编目（CIP）数据

汉画总录. 43，安丘 / 刘冠军，朱青生主编. —桂林：广西师范大学出版社，2021.3
　ISBN 978-7-5598-3060-9

Ⅰ. ①汉… Ⅱ. ①刘… ②朱… Ⅲ. ①画像砖－史料－研究－中国－汉代②画像砖－史料－研究－安丘－汉代
Ⅳ. ①K879.444

　中国版本图书馆 CIP 数据核字（2020）第 134662 号

广西师范大学出版社出版发行

（广西桂林市五里店路 9 号　邮政编码：541004）
网址：http://www.bbtpress.com

出版人：黄轩庄
全国新华书店经销
广西广大印务有限责任公司印刷
（桂林市临桂区秧塘工业园西城大道北侧广西师范大学出版社集团有限公司创意产业园内　邮政编码：541199）
开本：787 mm ×1 092 mm　1/16
印张：14.25　　字数：150 千字
2021 年 3 月第 1 版　　2021 年 3 月第 1 次印刷
定价：480.00 元

如发现印装质量问题，影响阅读，请与出版社发行部门联系调换。

编辑委员会

主任

陈履生 周其凤

委员

陈江风 陈履生 陈松长 方拥 高书林 高文 顾森 韩顺发 韩玉祥 何林夏 贺西林
何志国 T. Hoellmann 胡新立 黄雅峰 蒋英炬 康兰英 L. Ledderose 李宏
李江 李世勇 李孝聪 缪哲 L. Nickel 牛天伟 M. Nylan M. Powers J. Rawson 闪修山
苏肇平 唐长寿 王恺 汪悦进 魏学峰 翁剑青 巫鸿 武利华 信立祥 徐婵菲 阎根齐
杨爱国 杨孝军 杨絮飞 游振群 于秋伟 曾繁模 张新宽 赵超 赵殿增 赵化成 郑先兴
郑岩 周其凤 朱存明 朱青生

本卷主编

刘冠军 朱青生

本卷副主编

刘冠 付万刚 袁亭亭 徐呈瑞 郑亚萌

编务主任

闵坤

本卷编辑工作人员

李若静 杨超 黄世琰 朱亚男 田子博 马凤艳

序

文字记载，图画象形。人性之深奥、文化之丰富俱在文献形相之中；史实之印证、问题之追索无非依靠文字图形。[1]汉画乃有汉一代形相与图画资料之总称。

汉代之前，有各种物质文化遗迹与形相资料传世。但是同时代文献相对缺乏，虽可精观细察，恢复格局，重组现象，拾取位置、结构和图像信息，然而毕竟在紧要处，但凭推测，难于确证。汉代之后，也有各种物质文化遗迹与形相资料传世，但是汉代之前问题不先行获得解释，后代的讨论前提和基础就愈加含糊。尤其渊源不清，则学难究竟。汉代的文献传世较前代为多，近年汉代出土文献日增，虽不足以巨细问题尽然解决，但是与汉代之前相比，判若文献"可征"与"不可征"之别。所以，汉画作为中国形相资料的特殊阶段，据此观察可印之陈述，格局能佐之学理，现象会证之说明；位置靠史实印证，结构倚疏解诠释。因图像信息与文字信息的双重存在，将使汉画成为建立中国图像志，用形相学的方法透入历史、文化和人性的一个独特门类。此汉画作为中国文化研究关键理由之一。

两汉之世事人情、典章制度可以用文字表达者俱可在经史子集、竹帛简牍中钩沉索隐，而信仰气度、日常生活不能和不被文字记述者，当在形相资料中考察。形者，形体图像；相者，结构现象。事隔二千年形成古今感受之间的千仞高墙，得汉画其门似可以过入。而中国文明的基业，多始于汉代对前代的总结、集成而制定规范；即使所谓表率万世之儒术，亦为汉儒所解释而使之然。诸子学说亦由汉时学人抄传选择，隐显之功过多在汉人。而道德文章、制度文化之有形迹可以直接回溯者，更是在汉代确立圭旨，千秋传承，大同小异，直至中国现代化来临。往日的学术以文字文献为主，自从进入图像传播时代，摄影、电视造成了人类看待事物的新方法，养成了直接面对图像的解读能力。于是反观历史，对于形相资料的重视与日俱增。因此，由于汉代奠定汉族为主

---

[1] 对于古史，有所谓四重证据法：传世文献+出土文献+出土文物+依地形、位置和建筑建构遗存复原的文化环境设想。但任何史实，多少都有余绪流传至今，则可通过现今活态遗存，以今证古，这是西方人类学、文化地理学中使用的方法。例如，可从近日的墓葬石工技艺中考溯汉代制作；再如，今日非物质文化遗产中的祭祀庆典仪式，其中可能有此地同族举行同类型活动的延承，正所谓"礼失而求诸野"。所以，对于某些历史对象，可以采用"六重证据法"：传世文献+出土文献+出土文物+复原的文化环境设想+现今活态遗存+试验考古（即用当时的工具、材料、技术、观念重新试验完成一遍古代特定的任务）。对问题的追索无非依靠文字和形相两种性质的材料，故略称"文字图形"。

体的文明而重视汉代，由于读图观相的时代到来而重视图画，此汉画之为中国文化研究关键理由之二。

"汉画"沿用习称。《汉画总录》关注的汉画包括画像石、画像砖、帛画、壁画、器物纹样和重要器物、雕刻、建筑（宗教世俗场所和陵墓）。所以，与《汉画总录》互为表里的国家图像数据库 [2] 则称之为"汉代形像资料"，是为学术名称。

汉画研究根基在资料整理。图像资料的整理要达到"齐全"方能成为汉画学的基础。所谓齐全，并非奢望汉代遗迹能够完整留存至今，而是将现存遗址残迹，首先确定编号，梳理集中，配上索引，让任何一位学者或观众，有心则可由之而通览汉代的形相资料总体，了解究竟有多少汉代图形存世。能齐观整体概况，则为齐也。如果进一步追索文化、历史和人性的问题，则可利用这个系统，有条理、有次序地进入浩瀚的形相数据，横征纵析，采用计算机详细精密的记录手段和索引技术，获取现有的全部图像材料。与我们陆续提供给学界的"汉代古文献全文数据库"和"中文、西文、日文研究文献数据库"互为参究，就能协助任何课题，在一个整体学科层面上开展，减少重复，杜绝抄袭，推动研究，解决问题。能把握学科动态则为全也。《汉画总录》是与国家图像数据库相辅相成的一个长期文化工程，是依赖全体汉画学者努力方能成就的共同事业。一事功成，全体受益。如果《汉画总录》及其索引系统建成完整、细致、方便的资料系统，汉画学的推进，可望会有飞跃。对其他学科亦不无帮助。

汉画编目和《汉画总录》的编辑是繁琐而细致的工作。其平常在枯燥艰苦的境况中日以继夜。此事几无利益，少有名声，唯一可以告慰的是我们用耐心的劳动，正抹去时间的风尘，使中国文明之光的一段承载——汉画，进入现代学术的学理系统中，信息充溢，条理清楚，惠及学界。况且汉画虽是古代文化资料，毕竟养成和包蕴汉唐雄风；而将雄风之遗在当今呈现，是对中国文明的贡献，也是为人类不同文明之间更为深刻的互相理解和世界在现代化中的发展提示参照。

人生有一事如此可为，夫复何求？

编 者

2006 年 7 月 25 日

---

[2] 2005年国家文化部将中国汉代图像信息综合调查与数据库项目纳入"国家数据库专项"系统。

编辑体例

《汉画总录》包括编号、图片、图片说明、图像数据、文献目录、索引六部分内容。

1. 编号

为了研究和整理的需要，将现有传世汉画材料统一编号。编号工作归属于一个国家项目协调（中国汉代图像信息综合调查与数据库为国家艺术科学"十五"规划项目）。方法是以省、区编号（如陕西 SSX，山西 SX）加市、县，或地区编号（如米脂 MZ）再加序列号（三位），同一汉画组合中的部件在序列号之后加横杠，再加序列号（两位）。比如米脂党家沟左门柱，标示为 SSX-MZ-005-01（说明：陕西—米脂—党家沟画像石墓—左门柱）。编号最终只有技术性排序，即首先根据"地点"的拼音缩写的字母排列顺序，在同一地点根据工作序列号的顺序。

地点是以出土地为第一选择，不在原地但仍然有确切信息断定其出土地的，归到出土地编号，并在图片说明中标示其收藏地和版权所有者。如果只能断定其出土地大区（省、区），则在小区（市、县、地区）部分用"××"表示。比如美国密西根大学博物馆藏的出自山东某地，标示为 SD-××-001。如果完全不能断定其出土地点，则以收藏地点缩写编号。

编号完成之后，索引、通检和引证将大为方便。论及某一个形象或画面，只要标注某编号，不仅简明统一，而且可以在《汉画总录》和与此相表里的国家图像数据库（国家文化部将中国汉代图像信息综合调查与数据库项目纳入"国家数据库专项"系统）中根据检索方法立即找到其照片、拓片、线图、相关图像和墓葬的全部信息，以及关于这个对象尽可能全面的全部研究成果，甚至将来还可以检索到古文献和出土文献的相关信息，以及同一类型图像或近似图像的公布、保存和研究情况。

2. 图片

记录汉代画像石、画像砖的图片采取拓片、照片和线图相比照的方式处理。[1] 传统著录汉画的方式是拓片，拓片的特点是原尺寸拓印。同时，拓片制作时存在对图像的取舍和捶拓手工轻重粗精之别，而成为独立于原石的艺术品。拓片不能完整记录墓葬中画像砖石的相互衔接和位置关系，

---

[1] 由于在《汉画总录》的编辑方针中，将线描用于对图像的解释和补充，线描制作者的观点和认识会有助于读者理解，但也形成了一定的误导和局限，因此在无必要时，将逐步减少线描的数量，而把这个工作留待读者在研究时自行完成。

以及墓葬内的建筑信息，无法记录画像石上的墨线和色彩，对于非平面的、凸凹起伏的浮雕类画像砖石，也不能有效地记录其立体造型。不同拓片制作者以及每次制得的拓片都会有差异。使用拓片一个有意无意的后果是拓片代替原石成为研究的起点，影响了对画像石的感受和认知。拓片便利了研究的同时也限制了研究。只是有些画像砖石原件已失，仅存拓片，或者原石残损严重，记录画像砖石的拓片则为一种必要的方法。

照片对画像砖石的记录可以反映原件的质地和刻划方法、浮雕的凸凹起伏，能够记录砖石上的墨线和色彩，是高质量的图像记录中不可缺失的环节。线图可以着重、清晰地描绘物像的造型和轮廓，同时作为一种阐释的方法，可以展示考察、记录研究者对图像的辨识和推证。采取线图、照片、拓片相结合的途径记录画像砖石，可相互取长补短，较为完备。

帛画、壁画和器物纹样一般采用照片和线图。

其他立体图像采用照片、三维计算机图形、平面图和各种推测性的复原图及局部线图。组合图与其他图表的使用，多部组合关系明确的情况，一般会给出组合图加以标明，用线描图呈现。如多部组合而关系不明确的情况下则或缺存疑。其他测绘图、剖面图、平面图以及相关列表等均根据需要，随著录列出，视为一种图解性质的"说明"。[2]

3. 图片说明

图片说明分为两个部分。其一是关于图片的基本信息，归入"4. 图像数据"中说明；其二是对于图像内容的描述。描述古代图像时，基于古今处在不同的观念体系中的这一个基本前提，采取不同方式判定图像。

3.1 尝试还原到当时的概念中给予解释[3]，在此方向下通常有两种途径。

3.1.1 检索古代文献中与图像对应的记载或描述，做出判定。但现存的问题，一是并非所有图像都能在文献中找到相应的记载或解释，即缺乏完备性；二是这种"对应"关系是人为赋予的，

---

[2] 根据编辑需要，在材料和技术允许的情况下，会给出部分组合关系图。由于编辑过程受到各种条件的限制，尽其努力也无法解决全卷缺少部分原石图、拓片、线图的情况，或者极个别原石尺寸不齐的情况，目前保持阙如，待今后在补遗卷中争取弥补。

[3] 任何方式中我们都不可能完全脱离今人的认识结构这一立足点，不可能清除解释过程中"我"的存在，难以避免以今人的观念结构去驾驭古代的概念。完全回到当时当地观念中去只是设想。解释策略决定了解释结果。在第一种方式中，我们的目的不是把自己置换到古人的处境中去体验，而是去认识古人所用概念及其间结构关系。

文献与图像并不存在必然的联系，且不同研究者可能做出不同的判断 [4]；三是现存文献只是当时多种版本的一种，民间工匠制作画像石所依据的口述或文字版本未必与经过梳理的传世文献（多为正史、官方记录和知识分子的叙述）相符。

3.1.2 依据出土壁画上的题记、画像砖石上的榜题、器物上的铭文等出土文字材料，对相应图像做出判定，这种方式切近实况，能反映当时当地的用语，但是能找到对应题记的图像只占图像总体的一小部分。

3.2 在缺失文献的情况下，重构一种图像描述的方式——尽量类型化并具有明晰的公认性。如大量出现的独角兽，在尚不确定称其为"觟"还是"獬豸"时，便暂描述为独角兽，尽管现存汉代文献中可能无"独角兽"一词。同时，图像描述采取结构性方式，即先不做局部意义指定，而是在形状—形象—图画—幅面—建筑结构—地下地上关系—墓葬与生宅的关系—存世遗迹和佚失部分（黑箱）之间的关系等关系结构中，判定图像的性质或意义。尽管没有文字信息，图像在画面和墓葬中的位置和形相关系提供了考察其意义和"功能"的线索。

在实际图片说明中，上述两种方式往往并用。对图像的描述是在意识到这些问题的情况下展开的，部分指谓和用语延承了以往的研究，部分使用了新词，但都不代表对图像涵义的最终判定，而只是一种描述。

4. 图像数据

图片的基本信息（诸如编号、尺寸、质地、时代、出土地、收藏地等）实际上是图像数据库的一个简明提示。收入的汉画相关信息通过数据库的方式著录，其中包括画像石编号、拓片号、原石照片编号、原石尺寸 [5]、画面尺寸、画面简述、时代、出土时间、征集时间、出土地 [6]、收藏地、原收藏号、原石状况（现状）、所属墓葬编号 [7]、组合关系、著录文献等项。文字、质地、色彩、制

---

[4] 关于此前题材判定和分类的方法和问题，参见盛磊《四川汉代画像题材类型问题研究》，北京大学艺术学系99级硕士毕业论文。

[5] 原石尺寸的单位均为厘米，书中不再标识。

[6] 出土与征集的区分以是否经过科学发掘为界，凡经正式发掘（无论考古报告发表与否）均记为出土，凡非正式发掘（即使有明确出土地点和位置）均记为征集。

[7] 所属墓葬因发掘批次和年代各异，故记为发掘时间加当时墓葬编号，如1981M3表示党家沟1981年发掘的第三号墓葬。

作者、订件人、所在位置、相关器物、鉴定意见、发现人中有可著录者，均在备注项中列出。画像石墓表包括墓葬所在地、时代、墓葬所处地理环境、封土情况、发现和清理发掘时间、墓向、墓葬形制、随葬器物、棺椁尸骨、画像石装置，发现人、发掘主持人也在备注项中注出。建立数据库的目的和价值在于对数据库中的所有记录进行检索、比较、统计、分析，以期达到研究的完备性和规范性。[8]

5. 文献目录

　　文献目录列出一个区域（指对汉画集中地区的归纳，如陕北、南阳、徐州、四川等，多根据汉画研究的分区，而非严格的行政区划）有关汉画内容的古文献、研究论著和论文索引，并附内容提要。在每件汉画著录中列专项注出其相关研究文献。

6. 索引

　　按主题词和关键词建立索引项，待全部工作结束之后，做成总索引。因为《汉画总录》的分卷编辑虽然是按现在保管地区为单位齐头并进，但各种图像材料基本按出土地点各归其所，所以地名部分不出分卷索引，只在总索引中另行编排。

朱青生

北京大学历史学系艺术史教研室

北京大学汉画研究所

2006 年 7 月 31 日

---

　　[8] 对于存在大量样本和繁杂信息的研究对象，数据库的应用是有效的。在考古类型学中，传统的制表耗费时力，且不便记忆和阅读，细碎的分类常有割裂有机整体之弊。《汉画总录》的设想是：（1）无论已有公论还是存疑的图像，一律不沿用旧有的命名及在此基础上的分类，而按一致的规范和方法记录。（2）扩大图像信息的范畴，全面记录相关要素，包括出土状况（发掘/清理/收集）、发现人、出土时间、出土地点及其所属古代区划、画像材质、尺寸、所属墓葬形制、画像位置、随葬器物及其位置、画像保存状况、铭文、已有断代、画像资料出处、相关图片、相关研究、收藏地等。图像则记录单位图像的位置及其间的组合情况。（3）利用数据库，按不同线索和层次对图像信息进行查询、检索，根据统计结果做出判断。

目　录

前　言

　　《汉画总录》安丘卷编号为SD-AQ-001-001到SD-AQ-001-119。安丘汉墓是一个整体，编号按一石一号。这个编号反映考古器物的件数，一如散存的画像石，不反映画面图像组合关系。

　　这次《汉画总录》安丘卷的著录工作，参考了郑岩和姜彦文两次著录报告。根据《汉画总录》的总体规划，除了按照既定的学术规范和著录格式进行重新编辑，这次编辑的主要特点是对安丘汉墓做了一次三维扫描的实验，以探索进入现代学术和现代技术之后，如何对汉画进行记录。这是一个全新的问题。今天使用高清扫描来进行记录，使汉画著录和研究进入全新的阶段。我们的做法是按以下顺序来进行尝试：首先对所有图像进行扫描，其次是用扫描数据来建造整个墓葬的结构，最后是在研究中对这个结构进行比对、置换和重新组合。虽然这个技术介入较晚，还没有在发掘之初复原搭建或回填之前对每一块构件进行扫描记录，储存完整和精密的数据以备后用，只是在现有的条件下对暴露在外的画面进行扫描，无法记录构件石块之间的叠压、拼合的细节和构件自身的形状，所以扫描只是对安丘汉画墓葬内部"表皮"的记录，但这是《汉画总录》安丘卷编辑促进发展的总录编辑新的方向。

　　《汉画总录》1995年决定开编时，曾经用碑拓、线描对汉画进行著录，但是我们给新的全集概念之下的捶拓和线描做了新的定义。

　　关于捶拓问题，我们做过一次较为完整的表达：

　　首先我们认为，汉画确实只有当一个汉代的图像被用拓片的方法完成之后，才能称之为"汉画"，否则汉代的这类图像只是一种雕刻，或者只是墓葬里的一个"图像"。这个图可以是雕刻，也可以是绘画，还可以是图表，更可以是墓葬中各种器物、各种结构之间的方位关系。只有当其中有一部分被抽取出来，作为一个被观看的图像、被观看的对象，并且通过中国的捶拓手段，变成一幅平面的图画时，这时候我们才有了汉画的概念。……

　　捶拓的方法，确实是一个让人觉得充满了向往，又让今天的科学充满怀疑的事情。

　　令人向往是出于其艺术，因为按照我们今天的眼光来看，汉画实际上是一种版画，一种特殊的版画。按照今天国际艺术分类学的概念，版画是制版之后，批量印刷的作品。然而版上可以用尽功夫，由此涌现过德国的丢勒、荷兰的伦勃朗等一代版画大师。达·芬奇也对版画情有所钟。世界上最珍贵的一部印刷图书是古罗马建筑师维特鲁威《论建筑》的16世纪版本，插图出于达·芬奇之手。然而版画的印制过程无法直接控制和调整，偶然的效果常是作者的惊喜。而汉画这种"版画"的印制技巧，也就是捶拓过程，不是把版按在纸上，在不可知的状态中间去撞击偶然的效果；而是它整个过程都在控制之中、审视之中，并且是在选择和创造过程中完成的。也就是说，一个拓片的捶拓过程，实际上是一个创作的过程，甚至可以说成是一个"作画"的过程。因为对于捶拓者，有两样因素在引导着拓印者的捶拓。第一，是拓印者选择的对象。选择的对象，即捶拓的对象，是画上本有的，他仿佛"看"到了一些东西，看到了天上的景色、看到了山中的神仙、看到了百兽之飞奔、看到了车行之驰骋，于是他会把它们作为认知的对象画下来。但是其实这样的画，在汉代的时候，原始的状况是经过了石刻，同时又经过了描绘，而且经过了涂抹，又经过了细节的刻画方才完成。而今天我们看到的遗留下来的石头，哪怕早在最初（？）人们开始注重用捶拓来完成汉画时的宋代，或者还可能更早。王羲之在《寒食帖》里面提到过他会描绘一些汉画，他当时是否会用捶拓一事只能置疑。但至少在宋代已经毫无疑义地进行了汉画的捶拓，也就是完成了汉画的印制过程。但即使在宋代，汉代的墓室也已经经过几百年的浸泡，很难看到壁上修饰的细节，而且事实上最早的著录也没有写下这些细节，可见当时只留下最底层的石刻了。石刻留下来，一方面有苍茫感带起历史的深厚，给人以遐想；但是另一方面必然缺少细节，而这所有的细节，都被宋代以来的观者，通过自己的想象加以补充，才能完成对对象的确认。

对象的确认，是一个非常微妙的过程。越模糊的东西，对其确认的选择余地越大，创作自由度越大，讹错的可能性也就越大。因此今天我们注意到，其实人类对于观察事物有一种"虱轮现象"。所谓"虱轮现象"，来自纪昌学射的故事：一个人如果把一只虱子吊在窗口日夜凝视，这个虱子就会在"心目"中变大。画着眼前对象的夸张，三旬之后大如碗，三年之后大如车轮。所以对于一个射箭的人来说，只有把对象看得越来越大，他才能够通透琐屑，百步穿杨。但是对于我们作为观看的人来说，这是一种心理的错觉夸大。这种心理夸大，随着观者面对被观察对象的凝视和注意，而逐步扩展了对象的分量和意义，对象不再是一个事实，而是一个存在——一个在当下的观察中被"主动误取"的人为解释。因此，所有的汉画都是在这样的一种凝视中完成的，所有的拓片也是在凝视和注意的过程中，通过"虱轮现象"而遗留下来的后果。这样的后果，当然是充满了偶然性，或者说是充满了对原石的解释、对原石的扩展，甚至是对原石的"创造"。创造，对于艺术品简直是一次太好的机会，因为它留下了一些框架和启发，可以让人发挥和改造。但是也留下了一个问题，这个问题对于科学来说是要特别警惕的现象。

作为科学的现象，我们对于这个捶拓的过程，一方面会把它看成是一个不确切的过程。因为任何人捶拓出来都是不同样的，而且捶拓出来后再对拓片进行的观察也会各有差异，这样一来，不同的人看到的是不同的画。这个问题对于研究学术的人来说就变得相当的困难，因为科学是需要不管从哪个程度都要确证它是可以验证的事实，我们才能将其作为科学的对象。汉画学，是一门科学，如果我们从科学的角度来研究汉代的图像，如果通过拓片来研究，就会得到一开始就经过不同的人解释、经过不同程度的主动误取的结果。

但是，如果我们从一般的科学往上提升一个层次，专门研究"艺术学"，也许我们就可以专门就人类主动误解事实和世界的历史及本性进行研究：汉画作为一个历史上绝对奇异的精神对象，从宋代以来，各个时代的人，如何通过自己的感觉、理解和文化的背景，甚至历史的境遇，重新来解释同一幅汉画的过程。这样，这个捶拓的过程和绘画过程，就变成了一部艺术史，变成了一个对人类理解方式的研究渠道。因此，我们对于汉画能够作为学术的方法，就开始出现了两种纠结的情况：一方面，我们觉得仅凭此来研究汉代的图像可能存在问题；另一方面，又给我们带来很多的机会。[1]

对于线描问题，我们也做过观念和方法上的讨论，强调其作为图像记录技术和解释技术的根本性质的改变。线描问题过去属于记录技术，目前已经转化为解释技术：

线描[2]曾经是记录形相的传统手段之一，其功能是记录形相，其目的是准确记录形相。然而自从摄影、摄像技术被引入形相学记录工作之后，线描的功能和意义发生了根本改变，或者说，它的潜在功能之一——分析性上升为唯一的、明显的功能。这个发展与现代艺术和由虚拟现实构成的图像时代的革命相平行，即形相学技术彻底满足了人类的记录、存储、传播图像的需求之后，

[1] 朱青生：《拓片的衰微和重兴——〈济宁汉画像石〉序》，载江继甚编著《济宁汉画像石》（上），北京：中国社会出版社，2013年，第1—4页。

[2] 这里的线描包括所有用线条来记录形相的图像，制图者具体采用的物质材料可能是铅笔、钢笔、炭条、水彩等，但从根本上而言，这些都以线条为制作图像的基本工具。

从情性的方面发展出现代艺术（只是由于艺术的性质，现代艺术的发展除了具有技术上的革命意义，还具备了精神形态上的革命意义）；从理性方面发展出科学线描；从思想和信仰方面发展出对虚拟现实的使用和依赖，即信息和想象变成图像，成为人们的生活环境的主要内容。

从理性方面发展出来的科学线描变成了一种知识的载体。知识是对客体和抽象对象的确认和辨识，以及进而进行的分析、分类、归纳和整理（包括怀疑和证伪，也包括科学范式即科学思想的转换），它建造局部和整体之间、部分与全体之间的关系，并对因何、为何、如何如此作出解释，最终简化为规律、法则和公式，以便对相关的一切问题作出计算。计者，预设于未然；算者，判别其正误。纯粹的科学排除思性和情性的影响（断除势利情欲）而直指是非，从而实践理性精神。科学线描就是对形相进行科学研究的活动，其作用是算计形相（形象材料和视觉现象），其意义是建立知识。

其实，即使是传统的线描，也不是一个单纯记录的过程，而是一个制图者对图像进行不断确认的过程，是一个表达制图者个人对图像的理解的过程。制图者首先根据自己以往的图像经验与视觉习惯来逐步地辨识形相，然后用线条记录下自己对图像的理解与对形相的判定。在形相本身出现部分残损或缺失的情况下，制图者会依据自己的理解与判断，提出一种或几种补足形相的方案，或者保留形相的残缺。[3]

线描应该有三个功能和作用。从原理上来讲，可以针对科学、艺术，也可以针对思想，这三个精神领域对线描各有要求。我们在汉画著录中并不强调其艺术的部分，也不把线描图作为展示的"图"，或者作为艺术品来欣赏，而是讨论如何让线描在科学工作中"辨析"，如何表达，如何以线条清晰明确的表述来解释形象。表述是对真理和事实的表述，属于科学研究；而解释则在科学解释之外，基于解释者所持的观念和特殊的心理动机、状态和目的，会对图像进行想象引申和思考性取舍，个人之间会有所差异，这就是线描的"思想"性质。上文所引的关于单纯使用汉画拓片作为科学研究证据的质疑、线描从记录的方法向研究的方法的转移，都是基于

---

[3] 参见朱青生、刘平、张欣、张彬彬著《线描问题——以汉画线描技术为中心》，载朱青生主编《中国汉画研究》（第四卷），桂林：广西师范大学出版社，2011年，第403-409页。文章指出，现代科学技术为形相学提供了相关的技术和可能，也在改变形相学的性质。现代形相学原理与技术涉及图像记录技术和解释技术。

这两种著录手段，都包含着人们可以自由思考的余地和解释的空间，使得这些方法和手段就在一个"科学的问题"里留存了"思想的问题"的余地。所以，辨析精密的学科方法和思想的自由可能之间的差异，并不是减损捶拓和线描的价值，而是分割其功能的差异，更有利于两端发挥。

然而，对画像石的线描作为对真理和事实的表述如何可能，其实并不容易确定。北京大学汉画研究所的方法是，力图使用计算机扫描设备，并通过数码技术对数据进行不同层次的恢复和复原。理论上，一个扫描图可以经过处理，打印成不同的效果，以供研究和展示。但是汉代画像带了凹凸、转折的部分如何确定成为二维的图像，就不再是单纯的技术问题即"科学"问题，而是联系着描绘者对实物对象的主观认识和"思想"，以及"艺术"的表达的能力和技艺。以安丘汉画为例，如姜彦文团队所说，就是如何解决原作本身的涣散和随意，适当放松线条的紧张度，如何肯定面容、头部的准确度。对于线描方法和技术，其实又有方向的问题，线描对整体形象和局部所体现的确定稳定性规范，线条组织、穿插如何区分安置，线描手法和器材的选择和使用，都是决定线描最终能否实现预期目的的因素。总之，科学性线描的科学问题，最后归于思想问题（认识原作），毕竟看清楚原作才能获得坚定的认知，才能体现线描的分析对象的科学价值，而认定之后如何用线条来进行"解释"（表达），根本上不仅是一个思想问题，而且是一个艺术问题，需要有思想的艺术家的技艺方能解决。

为了交代缘由，我把《〈汉画总录〉绘图确定基本规范》（2010）附录如下：

说明

如果以机械制图（手工的方式）的方式实现可能是没有问题的，但是制作一张这样的图，可能平均要30—40个小时。如果不以电子的方式，是相当大的工作量，总录编辑无法承担。但是如果用AutoCAD，汉画线描图肯定不像工程图那样有"标准性"，即绝大多数的线都不能自动生成，而要一根一根地处理，要利用合适的技术来解决这样的问题。在没有别的方式（软件手段）的情形下，可能只能用上述方法，那些线全部要用曲线板来画。手工，利用计算机辅助，达到那种预定效果。《汉画总录》只能有选择地绘图，在进程中逐步随着测绘技术的进步提高绘图等级。

目前使用工作步骤：

1. 先利用计算机生成基本图像（尽量再找有没有别的软件可用来加快速度）；

2. 然后用手工去除不是图像本身的轮廓线；

3. 然后谨慎地添加有遗留痕迹的细部；

4. 图像保持平均单线，不加投影，不表达凹凸关系。

主要的绘图功夫体现在修正轮廓线，要使物象更为清晰可辨，而不是相反。边线和规则图形部分适当整合。

如果没有新的软件，就照原来的作业，主要形象的修正由人工在机器完成的基础上进行。

1. 表示残缺的部分补全，用虚线，以示谨慎；

2. 主要图像对照原石，尽量符合原石给人的图像感觉，纠正拓片技术造成的误差。

《汉画总录》安丘卷的编辑在引入三维扫描的实验的新方向之时，也在继续改进其他问题。

朱青生

2019 年 9 月 16 日

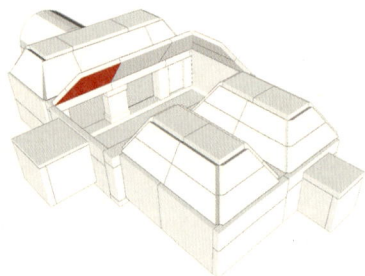

编号	SD-AQ-001-068
原编号	41A
时代	东汉
出土/征集地	山东省安丘市董家庄
出土/征集时间	1959 年
原石尺寸	纵 120，上横 107，下横 168
质地	石灰岩
原石情况	原石呈不规则梯形，右侧为直角边，基本完整。
组合关系	中室室顶南坡东一石
画面简述	此图为浅浮雕。画面分上下两组。上组左端为二羽人对舞，居左者位置靠下，双手持芝草；居右者一手持芝草。两者皆呈跨步跳跃状。其右为一半人半蛇女神（一说为女娲），头梳高髻（？），乘云左行，手持一规（？）。其右为三羽人，其中第二人手持芝草，第三人手持长鞭状物。下组左端为一人骑虎（？），右向飞奔。其右为二人搏斗，居左者举臂跨步前驱，右手横持环首刀，左手扯住居右者的发髻；后者右手持环首刀，向前扑倒。其右为一九头人面兽（一说为开明兽）。画面上、下、左有五层框，从外至内依次为斜线纹、双菱形纹、琐纹、垂幔纹、三角形纹。
著录与文献	安丘县文化局、安丘县博物馆：《安丘董家庄汉画像石墓》，济南：济南出版社，1992 年，图版 25，编号 41A；曾蓝莹：《作坊、格套与地域子传统：从山东安丘董家庄汉墓的制作痕迹谈起》，《美术史研究集刊》2000 年第 8 期，台北：台湾大学艺术史研究所，第 68 页，图 13；中国画像石全集编辑委员会编《中国画像石全集 1·山东汉画像石》，济南：山东美术出版社，2000 年，第 107 页，图 147；肖冬：《汉画像石中的九头人面兽》，硕士学位论文，中国美术学院，2012 年，第 26 页，图 12.a；郑岩、姜彦文：《董家庄汉墓》，济南：山东人民出版社，2014 年，第 141 页，图版 78。
收藏单位	安丘市博物馆

编号　　　　SD-AQ-001-069

原编号　　　41B

时代　　　　东汉

出土/征集地　山东省安丘市董家庄

出土/征集时间　1959 年

原石尺寸　　120×195

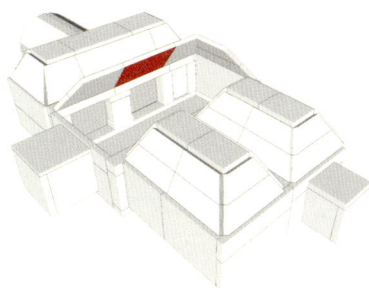

质地	石灰岩
原石情况	原石呈长方形，基本完整。
组合关系	中室室顶南坡东二石
画面简述	此图为浅浮雕。画面以直线形的云龙纹从左至右分成四格。第一格刻：1.凤鸟，头生羽冠，展翅飞翔，其羽冠、足、尾化为云气纹，云端又变化出 2.龙首、3.虎首、4.鸟首；5.兽，左行。第二格刻：6.飞鸟，其足踩云气，云端又变化出鸟首；7.龙，身体从云气边框中伸出，张口吞

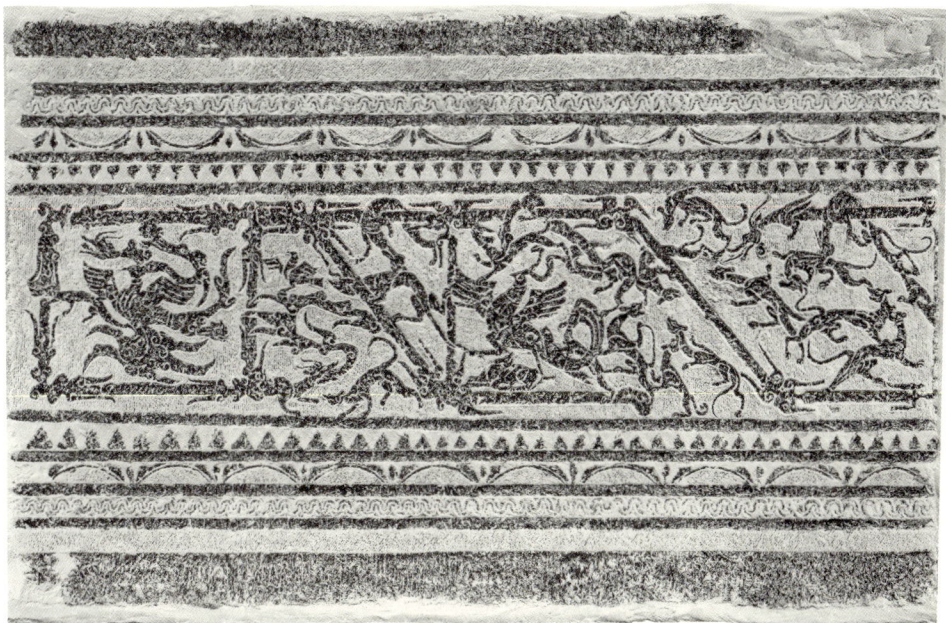

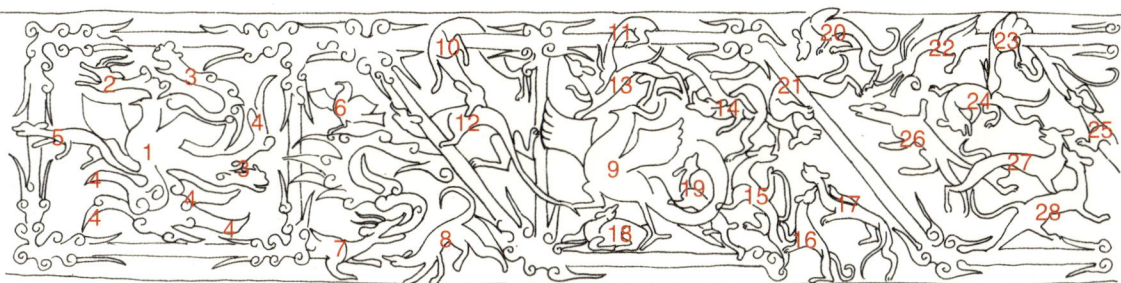

入一化为鸟首的云端；8. 兽。第三格刻：9. 凤鸟，头生羽冠，尾分三歧，展翅而立；其周围有十只兽；10、11. 二兽挂在云气纹边框上，居左者咬住下方一兽 (12) 的背部，居右者咬住其下一兽 (13) 的颈部；14. 兽，张口欲咬其左上方一兽的后足；15. 兽，张口欲咬其上方一兽的前足；16、17. 二兽，居左者咬住居右者的颈部；18. 兽趴于地，仰首回望；19. 兽，咬住凤鸟之尾。第四格刻：20. 兽，弯腰向下；21. 兽，挂于左侧边框上；22. 龙，身体从云气边框中伸出；23、24、25. 三兽，最上一兽挂在云气纹边框上，咬住下方一兽的背部，兽 (24) 被右下方一兽咬住右后足；26、27、28. 三兽，其中最右一兽咬住其左一兽的颈部。画面上、下有四层框，从外至内依次为斜线纹、琐纹、垂幔纹、三角形纹。

著录与文献　安丘县文化局、安丘县博物馆：《安丘董家庄汉画像石墓》，济南：济南出版社，1992 年，图版26，编号 41B；中国画像石全集编辑委员会编《中国画像石全集 1·山东汉画像石》，济南：山东美术出版社，2000 年，第 106 页，图 146；肖冬：《汉画像石中的九头人面兽》，硕士学位论文，中国美术学院，2012 年，第 26 页，图 12.b；郑岩、姜彦文：《董家庄汉墓》，济南：山东人民出版社，2014 年，第 142 页，图版 79。

收藏单位　安丘市博物馆

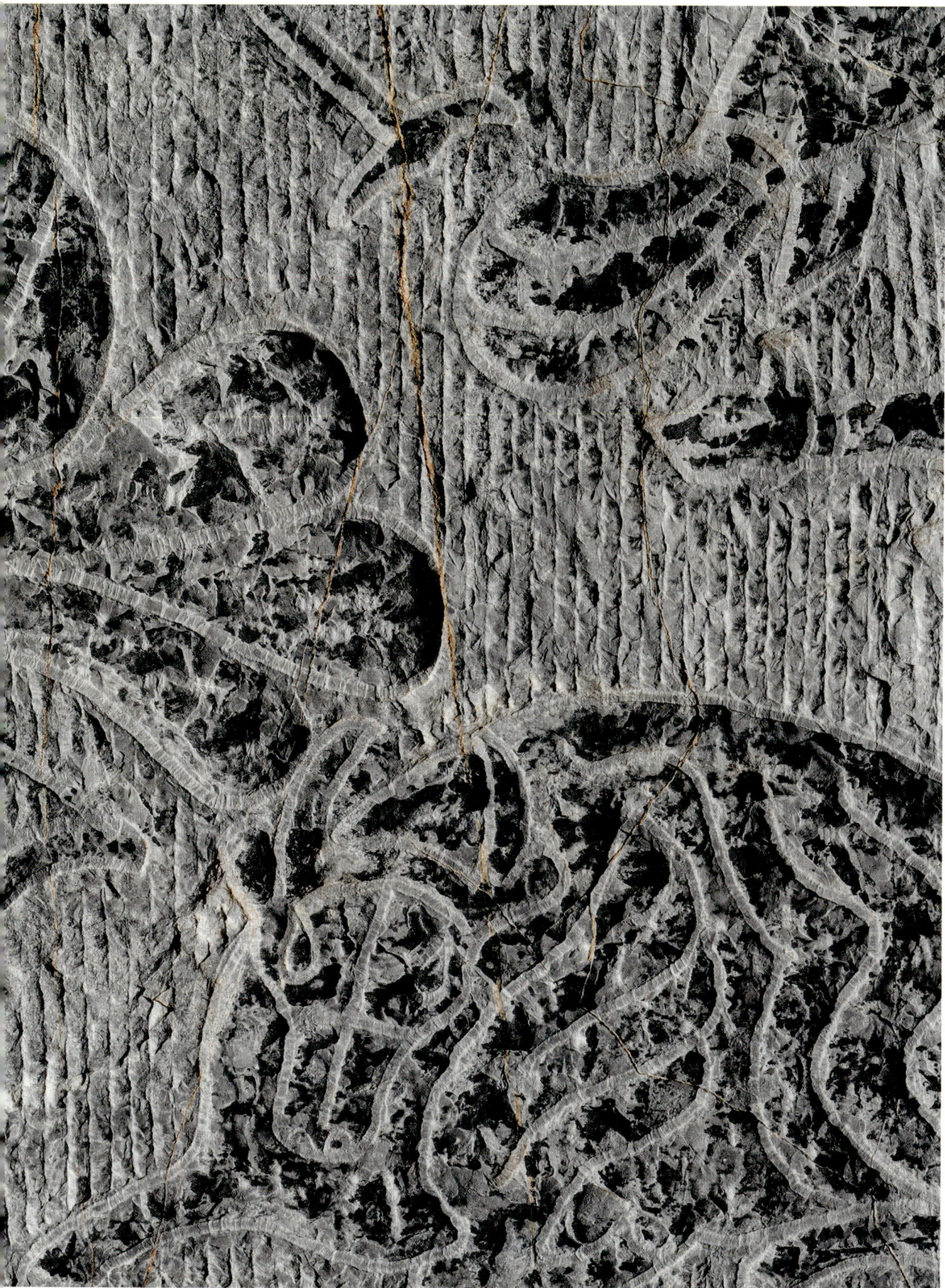

SD-AQ-001-068 局部

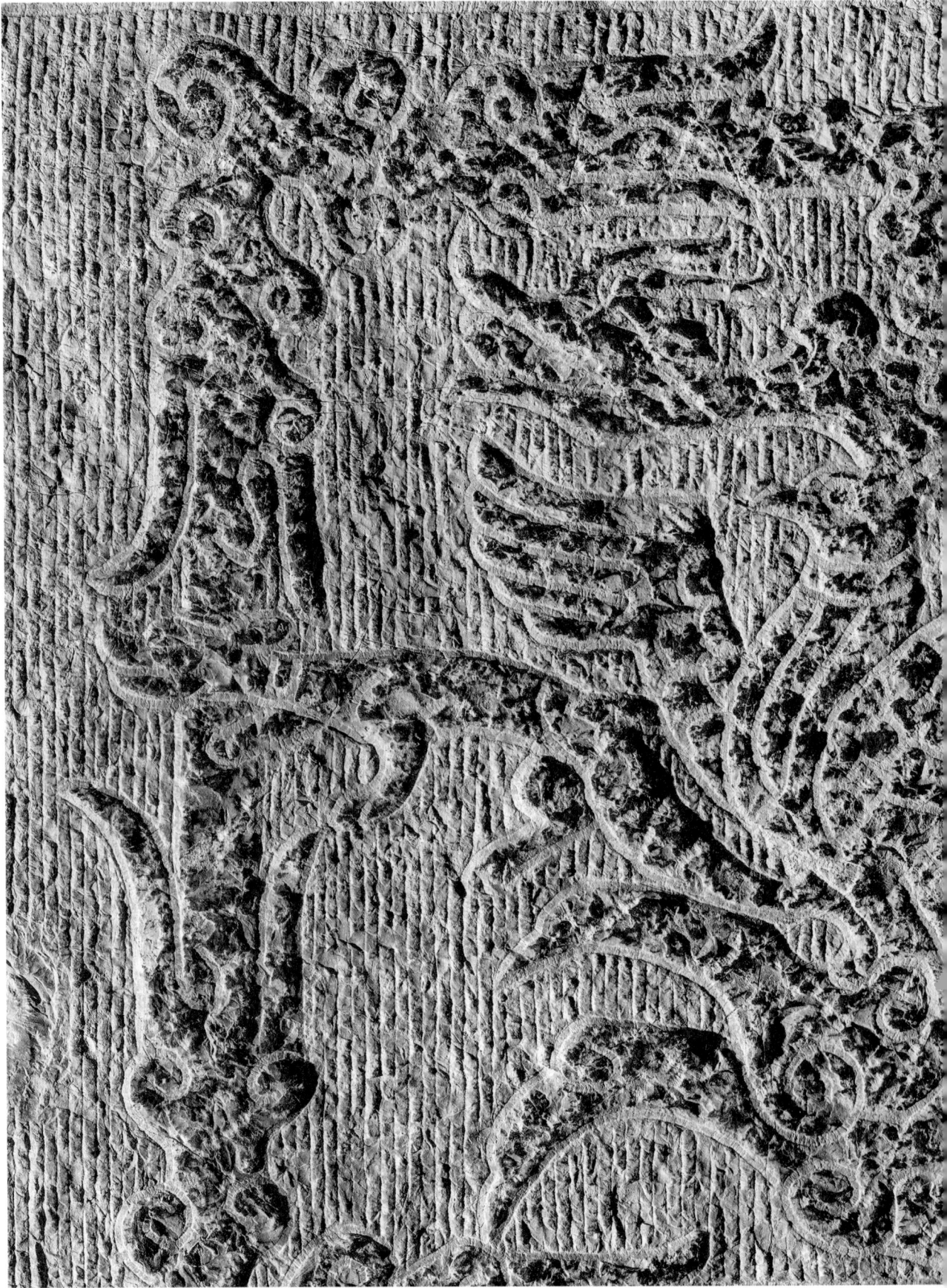

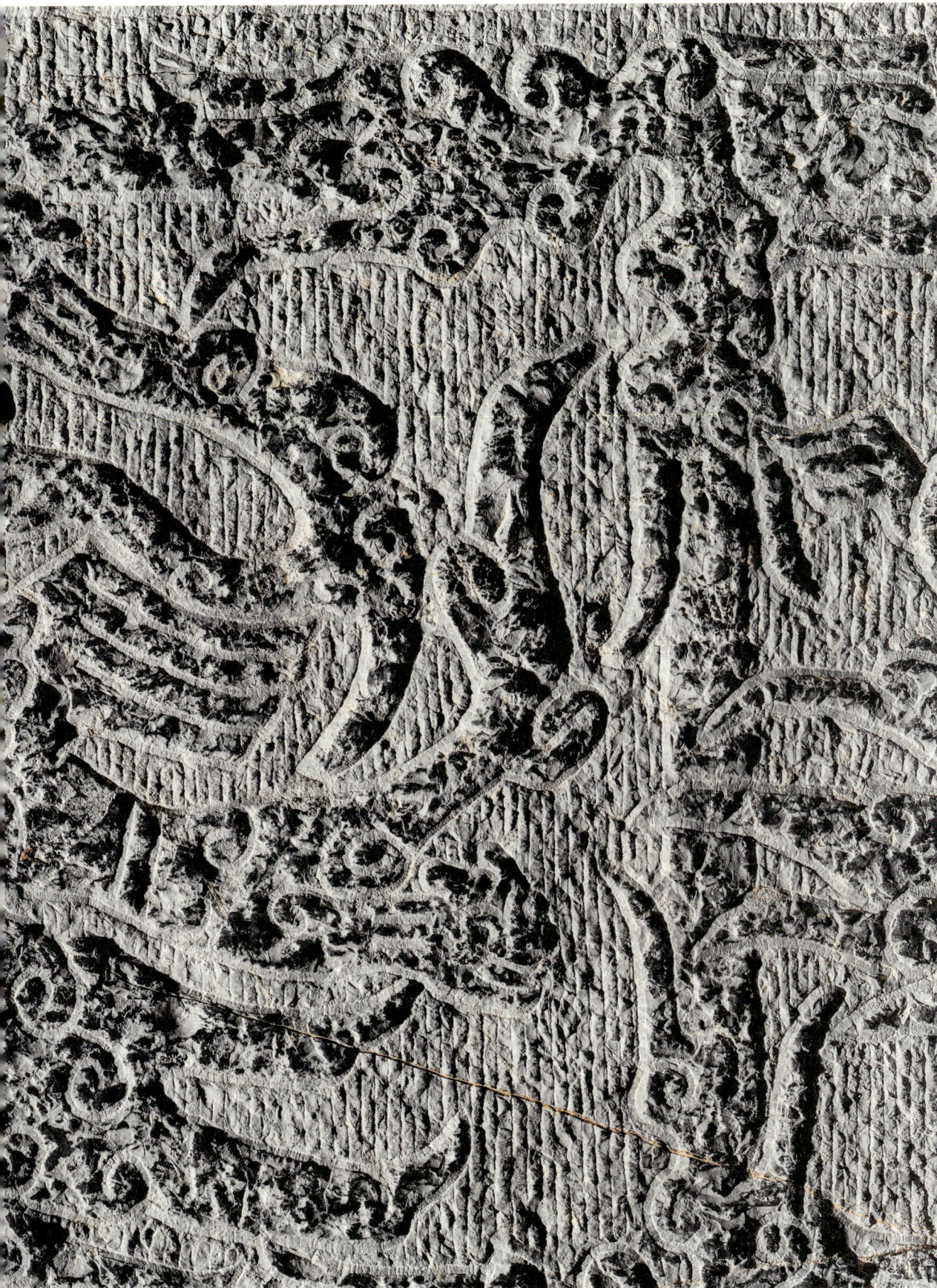

SD-AQ-001-069 局部

编号	SD-AQ-001-070
原编号	41C
时代	东汉
出土/征集地	山东省安丘市董家庄
出土/征集时间	1959 年
原石尺寸	纵 120，上横 130，下横 210
质地	石灰岩
原石情况	原石呈不规则梯形，左侧为直角边，左上角略残缺。
组合关系	中室室顶南坡东三石

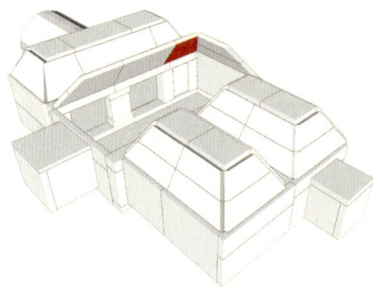

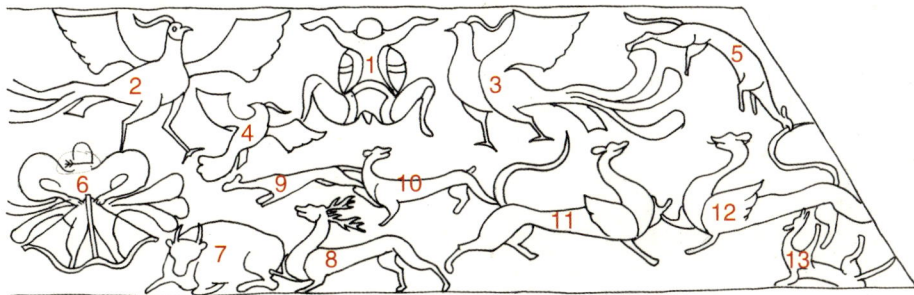

画面简述	此图为浅浮雕。画面分别刻：1. 蟾蜍（或蛙）形神怪，上身伸展，正面蹲踞于地，腹部鼓出；2、3. 二凤鸟，皆头生羽冠，尾分三歧，展翅相对而立；4. 飞鸟，头生羽冠，尾分三歧；5. 兽，咬住其下方一兽的尾巴；6. 力士，瞡张，两臂抬起，向上拉弓；7. 卧牛（？），头生双角；8. 鹿，头生双角，昂首而立；9、10. 二兽左行，后一兽回首；11、12. 二兽相对而立，肩生翼，口张开，皆抬一前足；13. 兽，昂首咬住上一兽腹部。画面上、下、右有四层框，从外至内依次为斜线纹、琐纹、垂幛纹、三角形纹。
著录与文献	安丘县文化局、安丘县博物馆：《安丘董家庄汉画像石墓》，济南：济南出版社，1992年，图版28，编号41C；曾蓝莹：《作坊、格套与地域子传统：从山东安丘董家庄汉墓的制作痕迹谈起》，《美术史研究集刊》2000年第8期，台北：台湾大学艺术史研究所，第80页，图40；中国画像石全集编辑委员会编《中国画像石全集1·山东汉画像石》，济南：山东美术出版社，2000年，第105页，图145；肖冬：《汉画像石中的九头人面兽》，硕士学位论文，中国美术学院，2012年，第27页，图12.c；郑岩、姜彦文：《董家庄汉墓》，济南：山东人民出版社，2014年，第143页，图版80。
收藏单位	安丘市博物馆

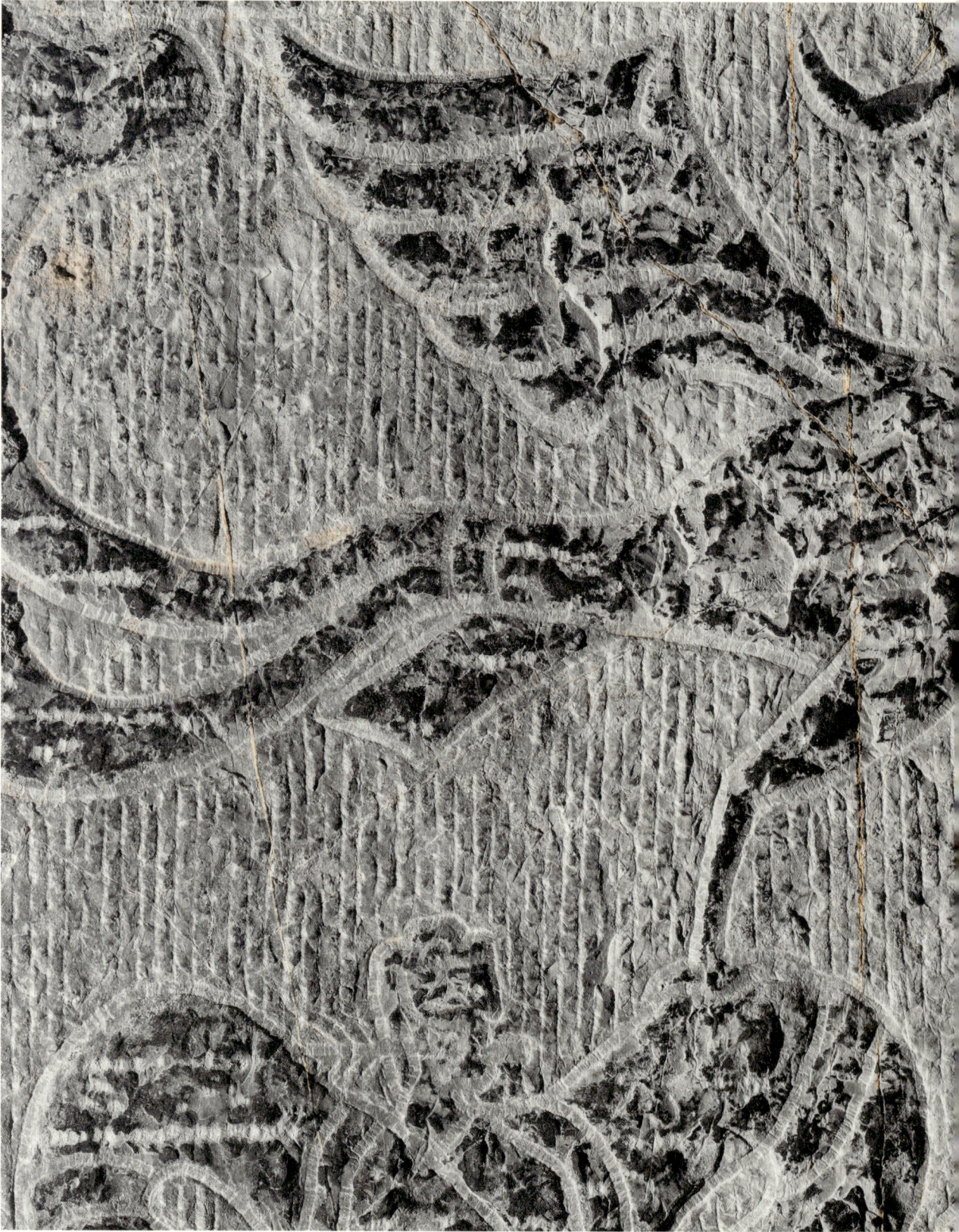

SD-AQ-001-070 局部

编号	SD-AQ-001-071
原编号	42A
时代	东汉
出土/征集地	山东省安丘市董家庄
出土/征集时间	1959 年
原石尺寸	纵 50，上横 120，下横 204
质地	石灰岩
原石情况	原石呈梯形，基本完整。
组合关系	中室室顶西坡上层石
画面简述	此图为浅浮雕。画面空白，整体近似等腰梯形。画面左、右、上有双层框，外为连弧纹，内为斜线纹。
著录与文献	安丘县文化局、安丘县博物馆：《安丘董家庄汉画像石墓》，济南：济南出版社，1992 年，图版 29，编号 42；曾蓝莹：《作坊、格套与地域子传统：从山东安丘董家庄汉墓的制作痕迹谈起》，《美术史研究集刊》2000 年第 8 期，台北：台湾大学艺术史研究所，第 64 页，图 7；中国画像石全集编辑委员会编《中国画像石全集 1·山东汉画像石》，济南：山东美术出版社，2000 年，第 113 页，图 152；郑岩、姜彦文：《董家庄汉墓》，济南：山东人民出版社，2014 年，第 149 页图版 86，第 150 页图版 87。
收藏单位	安丘市博物馆

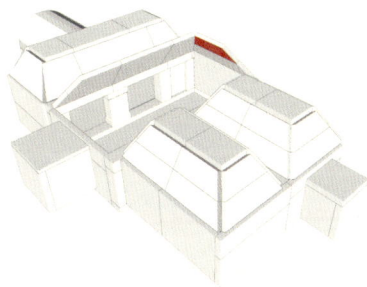

编号	SD-AQ-001-072
原编号	42B
时代	东汉
出土/征集地	山东省安丘市董家庄
出土/征集时间	1959 年
原石尺寸	纵 73，上横 204，下横 294
质地	石灰岩
原石情况	原石呈梯形，右侧断裂。
组合关系	中室室顶西坡下层石

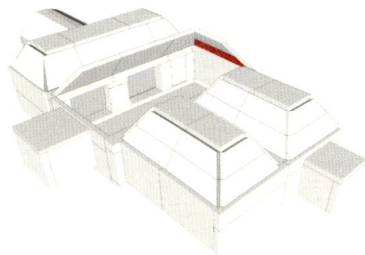

画面简述　此图为浅浮雕。画面分上下两组，上组左端刻一飞鸟，其右为一羽人，羽人面前一龙，头生角，肩生双翼，口张开。羽人左手伸入龙口中，似在喂食。龙上方有一兽，兽后为一飞鸟。其右为一双头人面兽。再右为一兽、一凤鸟相对，兽肩生翼，凤鸟头生羽冠，长尾翘起，展翅腾空。凤鸟右上方有一飞鸟。下组左端为一兽，回首张口。其右有二凤鸟相对展翅而立，皆头生羽冠，尾分四歧。二鸟之间有一鸟收翅而立。右端为二兽，居上者回首自啮其尾，居下者肩生翼。画面左、右、下有四层框，从外至内依次为斜线纹、琐纹、垂幔纹、三角形纹。

著录与文献　安丘县文化局、安丘县博物馆：《安丘董家庄汉画像石墓》，济南：济南出版社，1992 年，图版 29，编号 42；曾蓝莹：《作坊、格套与地域子传统：从山东安丘董家庄汉墓的制作痕迹谈起》，《美术史研究集刊》2000 年第 8 期，台北：台湾大学艺术史研究所，第 64 页，图 7；中国画像石全集编辑委员会编《中国画像石全集1·山东汉画像石》，济南：山东美术出版社，2000 年，第 113 页，图 152；郑岩、姜彦文：《董家庄汉墓》，济南：山东人民出版社，2014 年，第 149 页图版 86，第 150 页图版 87。

收藏单位

编号	SD-AQ-001-073
原编号	43A
时代	东汉
出土/征集地	山东省安丘市董家庄
出土/征集时间	1959 年
原石尺寸	纵 120，上横 125，下横 200
质地	石灰岩
原石情况	原石呈不规则梯形，右侧为直角边，基本完整。
组合关系	中室室顶北坡西一石
画面简述	此图为浅浮雕。画面分别刻：1、2.二人对舞，居左者身着及膝长衣（一说为袿衣），衣角上翘，右手持便面，左手持长巾；居右者头戴武弁（？），身着短衣。二人之间地上置一鼓（3）。4、5.二人跽坐，皆戴进贤冠，身着长袍。6、7、8.三人跽坐于席上，皆梳高髻，持枹击面前小鼓。9、10.二羽人对坐六博，二人之间为博局（11）。12、13、14、15.羽人两两对坐。16、17.二人相对，居左者跽坐，居右者戴冠着长袍而立。18.羽人，双臂上举。19、20.二龙（？）形怪兽，皆头生双角，肩生翼，口衔一鱼，前者长尾上卷，后者长尾分五歧。21.羽人跽坐，双手前伸。22.一人，

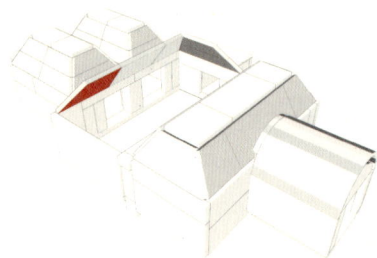

编号	SD-AQ-001-074
原编号	43B
时代	东汉
出土/征集地	山东省安丘市董家庄
出土/征集时间	1959 年
原石尺寸	120×210
质地	石灰岩

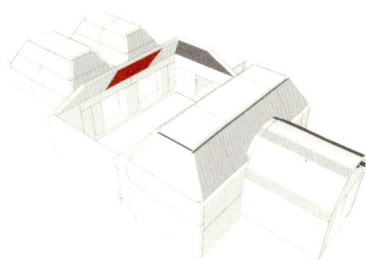

年，图版二二四，图534；安丘县文化局、安丘县博物馆：《安丘董家庄汉画像石墓》，济南：济南出版社，1992年，图版30，编号43A；中国画像石全集编辑委员会编《中国画像石全集1·山东汉画像石》，济南：山东美术出版社，2000年，第110页，图150；刘朴：《山东汉画像石体操活动考略》，《山东体育科技》2003年第2期，第86页，图14；杜蕾：《山东汉画像石乐舞图像研究》，硕士学位论文，中国艺术研究院，2005年，第81页，编码702；曲怡桦：《鲁南及徐州地区汉画像石的音乐考古研究》，硕士学位论文，中国艺术研究院，2005年，第19页，图24；杨爱国：《"一部绣像的汉代史"——解读山东汉画像石》，《东方收藏》2010年第9期，第21页，图7；唐宇：《汉代六博图像研究——以墓葬材料为中心》，硕士学位论文，中央美术学院，2013年，第31页，图3-12；郑岩、姜彦文：《董家庄汉墓》，济南：山东人民出版社，2014年，第152页，图版89；季伟：《汉画中形体类百戏的表现形式》，《交响（西安音乐学院学报）》2016年第3期，第50页，图11；黎国韬：《"鱼龙幻化"新考及其戏剧史意义发微》，《文学遗产》2017年第4期，第136页，图三。

收藏单位　　安丘市博物馆

伸手跽坐。23.一骑，马首饰一缨，骑手头戴进贤冠（？）。24、25.二人步行跟随，皆身着短衣，衣角翘起，肩上各扛一末端为圆形的长杆状物。26.龙，头生双角，肩生翼，张口吐舌，长尾后伸且似分多歧。27.羽人，一手持一球（或为丹珠）于龙口之前，回首向龙，似在戏龙。28.一人伸手跽坐，身着长袍。29、30.一兽、一鸟，兽与鸟相背，鸟收翅而卧。右部刻百戏图，其中，左为都卢寻橦：31.一人双手举竿；32、33.二人攀竿而上；竿上部有一横木，横木两端有二人(34、35)单腿倒悬，靠中部有二人(36、37)双腿倒悬，横木之上有二人(38、39)反身倒立；橦顶另置一短横木，一人(40)于其上反身倒立。41.羽人，面朝横木跨步而行。42、43、44.三兽，其中下部两兽肩生翼。45.一人朝右跽坐。46.一人反身倒立。47.飞剑跳丸之戏，一人一手持一球，空中有九球和三剑飞舞。48.一人朝左跽坐。49、50、51、52.四人跪坐，上三人似吹笙（？），其下有一人跪坐。53.兽，肩生双翼，张口吐舌。画面上、下、左有五层框，从外至内依次为斜线纹、双排菱形纹和云气纹、琐纹、垂幔纹、三角形纹。

著录与文献　张学海、蒋英炬、毕宝启：《山东安丘汉画象石墓发掘简报》，《文物》1964年第4期，第38页，图7；山东省博物馆、山东省文物考古研究所编《山东汉画像石选集》，济南：齐鲁书社，1982

原石情况　原石呈长方形，中间断裂，基本完整。

组合关系　中室室顶北坡西二石

画面简述　此图为浅浮雕。画面以直线形云龙纹从左至右分为四栏，第一栏刻：1.一凤鸟，头生羽冠，长尾上翘，展翅而立，羽冠、尾部化为云气；2、3、4、5.四兽，其中兽 (3) 咬鸟足，兽 (4) 咬鸟尾，兽 (5) 张口咬兽 (4) 的背部。第二栏刻：6.一龙，肩生翼，张口吐舌；7.一龙，头生角，肩生翼，张口吐舌，龙尾与云气相接；8.一龟形怪兽，长颈前伸，后有长尾，四足张开，其身侧有一道云气，蜿蜒而下。第三栏刻：9.一凤鸟，头生羽冠，展翅朝左侧身而立，足部化为云气；10.一

龙，头生双角，肩生翼，张口吐舌；11. 一兽，低首张口，欲咬龙尾；12. 一兽，昂首咬住兽 (11) 的腹部；13、14. 两兽，兽 (13) 扭身回首，咬住兽 (14) 的下颌；15. 一兽，其左侧的云龙纹末端化为一有翼的虎。第四栏刻：16. 一龙，头生双角，肩生翼，张口吐舌，其四足化为云气，其中左上方的云端变化出一兽首，其余的变化出鸟首；17. 一虎，肩生翼，口大张。画面上、下有五层框，从外至内依次为斜线纹、云气纹 (？)、琐纹、垂幔纹、三角形纹。

著录与文献　安丘县文化局、安丘县博物馆：《安丘董家庄汉画像石墓》，济南：济南出版社，1992年，图版32，编号43B；曾蓝莹：《作坊、格套与地域子传统：从山东安丘董家庄汉墓的制作痕迹谈起》，《美术史研究集刊》2000年第8期，台北：台湾大学艺术史研究所，第80页，图42；中国画像石全集编辑委员会编《中国画像石全集1·山东汉画像石》，济南：山东美术出版社，2000年，第109页，图149；郑岩、姜彦文：《董家庄汉墓》，济南：山东人民出版社，2014年，第153页，图版90。

收藏单位　安丘市博物馆

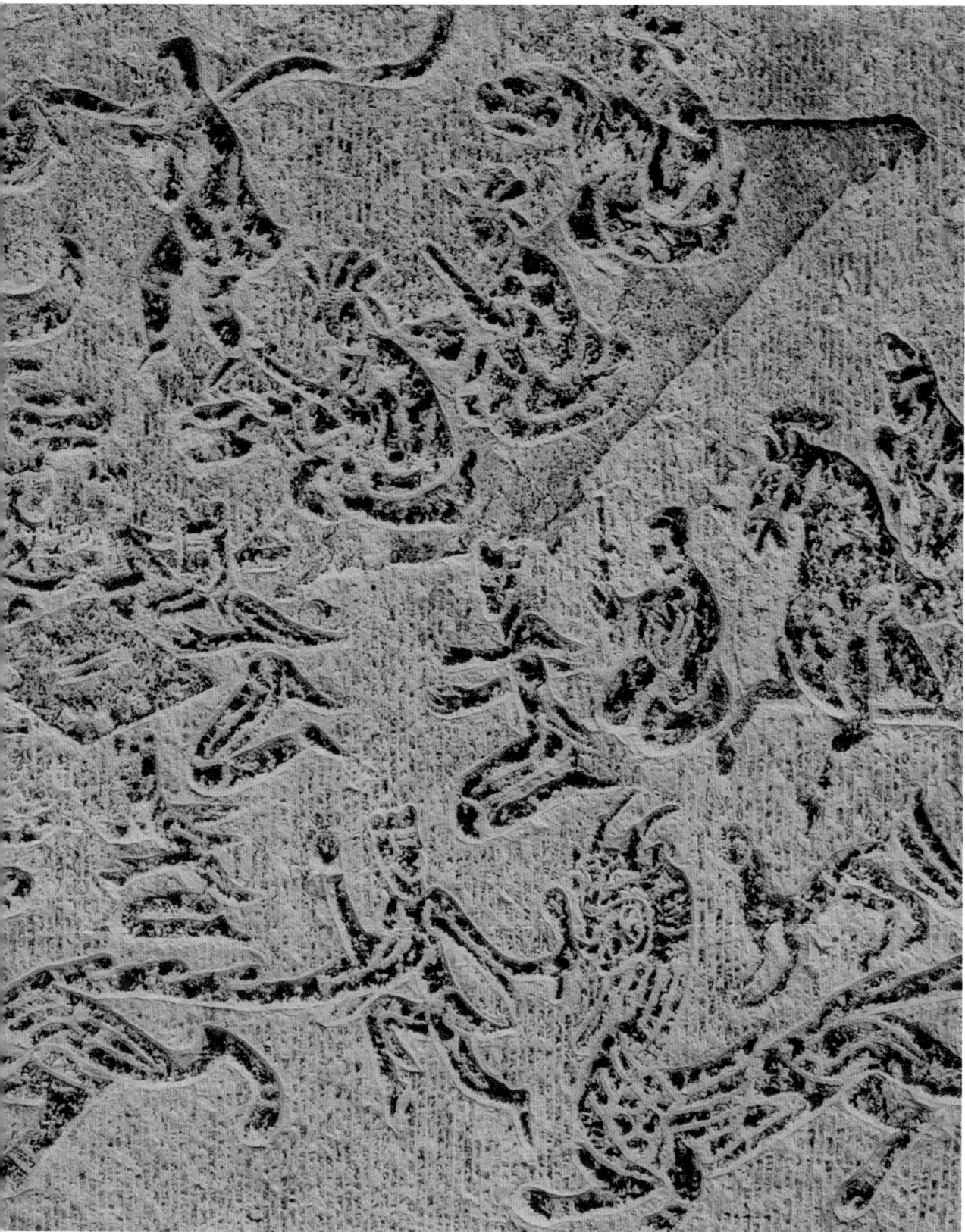

SD-AQ-001-073 局部

SD-AQ-001-073 局部

SD-AQ-001-074 局部

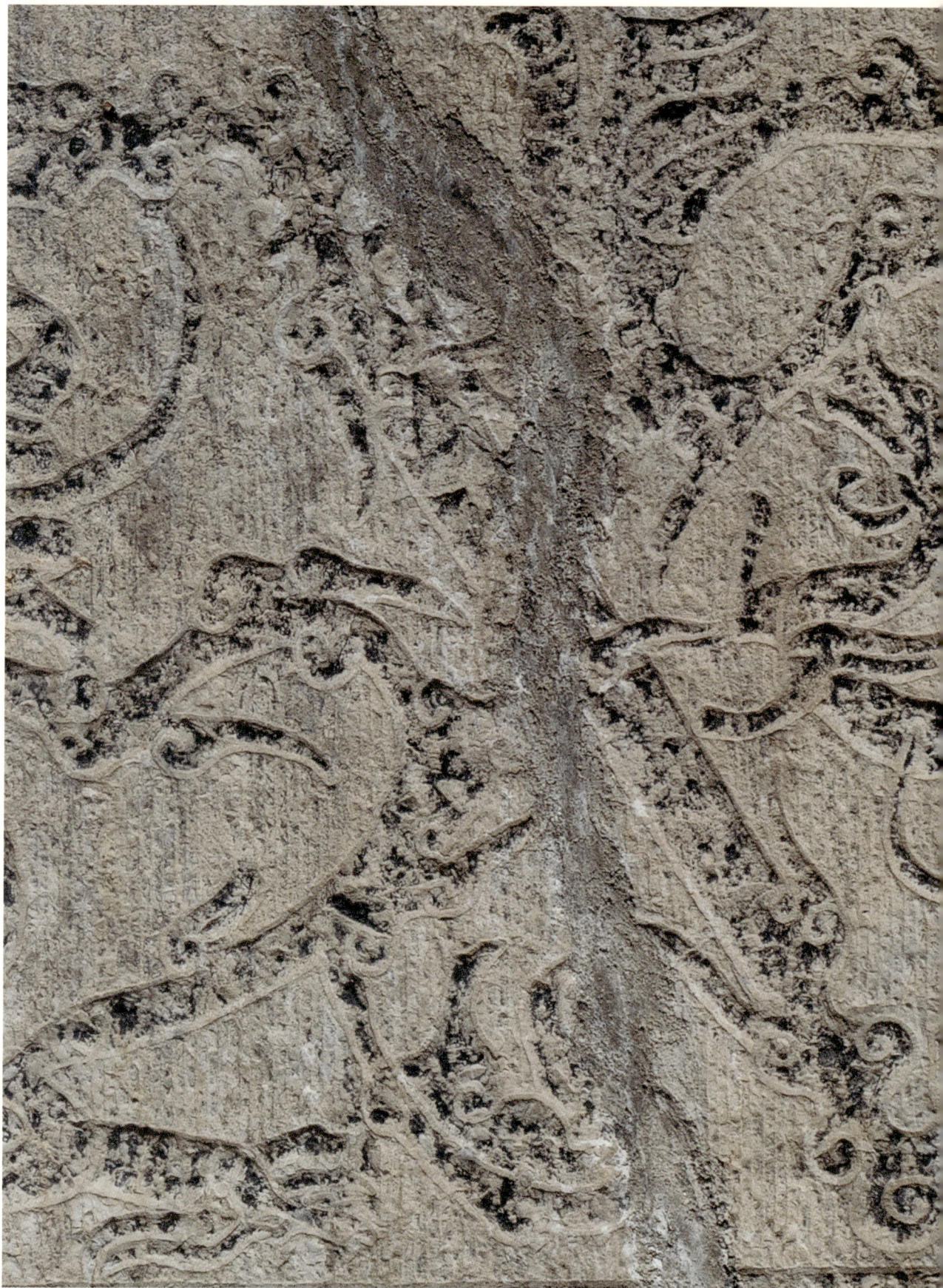

SD-AQ-001-074 局部

编号	SD-AQ-001-075
原编号	43C
时代	东汉
出土/征集地	山东省安丘市董家庄
出土/征集时间	1959 年
原石尺寸	纵 120，上横 97，下横 158
质地	石灰岩
原石情况	原石呈不规则梯形，左侧为直角边，基本完整。
组合关系	中室室顶北坡西三石
画面简述	此图为浅浮雕。画面分两组，上组为云气纹。下组为二凤鸟相对而立，皆头生羽冠，尾分二歧，居左者收翅且长羽冠卷曲向后，居右者展翅；足下各有一云朵。凤鸟左下一兽似犬，肩生翼；两凤之间有一立柱，上有柱头下置柱础，柱两侧各有一鱼贴附，两鱼相对，鱼头向上；右下角为一小兽似犬。画面上、下、右有五层框，从外至内依次为斜线纹、云气纹（？）、琐纹、垂幔纹、三角形纹。
著录与文献	安丘县文化局、安丘县博物馆：《安丘董家庄汉画像石墓》，济南：济南出版社，1992 年，图版 33，编号 43C；中国画像石全集编辑委员会编《中国画像石全集 1·山东汉画像石》，济南：山东美术出版社，2000 年，第 108 页，图 148；郑岩、姜彦文：《董家庄汉墓》，济南：山东人民出版社，2014 年，第 154 页，图版 91。
收藏单位	安丘市博物馆

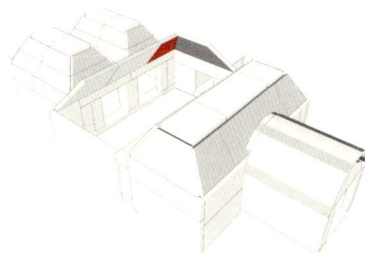

SD-AQ-001-075 局部

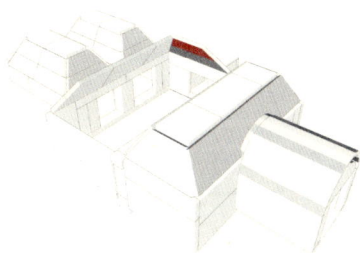

编号	SD-AQ-001-076
原编号	44A
时代	东汉
出土/征集地	山东省安丘市董家庄
出土/征集时间	1959 年
原石尺寸	纵 30，上横 135，下横 174
质地	石灰岩
原石情况	原石呈梯形，中间断裂且残缺。
组合关系	中室室顶东坡上层石
画面简述	此图为浅浮雕。画面空白，整体近似等腰梯形。画面上、左、右有三层框，从外至内依次为双层折线纹、连弧纹、斜线纹。
著录与文献	安丘县文化局、安丘县博物馆：《安丘董家庄汉画像石墓》，济南：济南出版社，1992 年，图版 34，编号 44；中国画像石全集编辑委员会编《中国画像石全集 1·山东汉画像石》，济南：山东美术出版社，2000 年，第 111 页，图 151；郑岩、姜彦文：《董家庄汉墓》，济南：山东人民出版社，2014 年，第 157 页图版 94，第 158 页图版 95。
收藏单位	安丘市博物馆

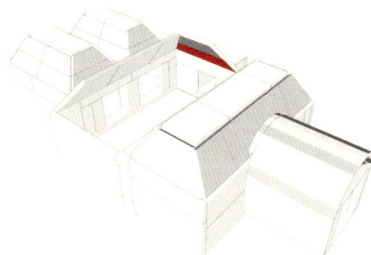

编号	SD-AQ-001-077
原编号	44B
时代	东汉
出土/征集地	山东省安丘市董家庄
出土/征集时间	1959 年
原石尺寸	纵 70，上横 174，下横 290
质地	石灰岩
原石情况	原石呈梯形，基本完整。
组合关系	中室室顶东坡下层石
画面简述	此图为浅浮雕。画面中央刻二凤鸟展翅相对，二鸟皆立于云朵之上，居左者尾分三歧，居右者尾分五歧。二鸟之间有一圆头槌状图形（？），其下方有一小兽（？）左行回首。左下角有一鸟，收翅而卧，伸颈昂首。该鸟的右上方有一云气纹。画面左、右、下有五层框，从外至内依次为连弧纹、双层折线纹、垂幔纹、斜线纹、三角形纹。
著录与文献	安丘县文化局、安丘县博物馆：《安丘董家庄汉画像石墓》，济南：济南出版社，1992 年，图版 34，编号 44；中国画像石全集编辑委员会编《中国画像石全集 1·山东汉画像石》，济南：山东美术出版社，2000 年，第 111 页，图 151；郑岩、姜彦文：《董家庄汉墓》，济南：山东人民出版社，2014 年，第 157 页图版 94，第 158 页图版 95。
收藏单位	安丘市博物馆

编号	SD-AQ-001-078
原编号	45A
时代	东汉
出土/征集地	山东省安丘市董家庄
出土/征集时间	1959 年
原石尺寸	135×75
质地	石灰岩
原石情况	原石呈长方形，基本完整。
组合关系	中室封顶石东一石
画面简述	此图为浅浮雕。画面刻飘飞缠绕的云气纹。画面左、右、上有四层框，从外至内依次为斜线纹、云气纹（？）、垂幔纹、三角形纹。
著录与文献	张学海、蒋英炬、毕宝启：《山东安丘汉画象石墓发掘简报》，《文物》1964 年第 4 期，第 36 页，图 3；安丘县文化局、安丘县博物馆：《安丘董家庄汉画像石墓》，济南：济南出版社，1992 年，图版 35，编号 45A；曾蓝莹：《作坊、格套与地域子传统：从山东安丘董家庄汉墓的制作痕迹谈起》，《美术史研究集刊》2000 年第 8 期，台北：台湾大学艺术史研究所，第 67 页，图 11a、11b；中国画像石全集编辑委员会编《中国画像石全集 1·山东汉画像石》，济南：山东美术出版社，2000 年，第 113 页，图 153；汪小洋：《汉画像石宗教思想研究》，博士学位论文，南京艺术学院，2004 年，第 69 页，图 41；郑岩、姜彦文：《董家庄汉墓》，济南：山东人民出版社，2014 年，第 160 页，图版 97。
收藏单位	安丘市博物馆

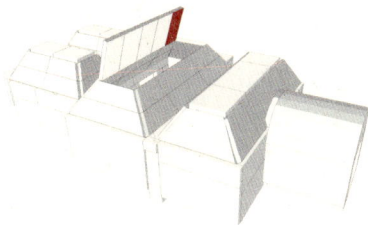

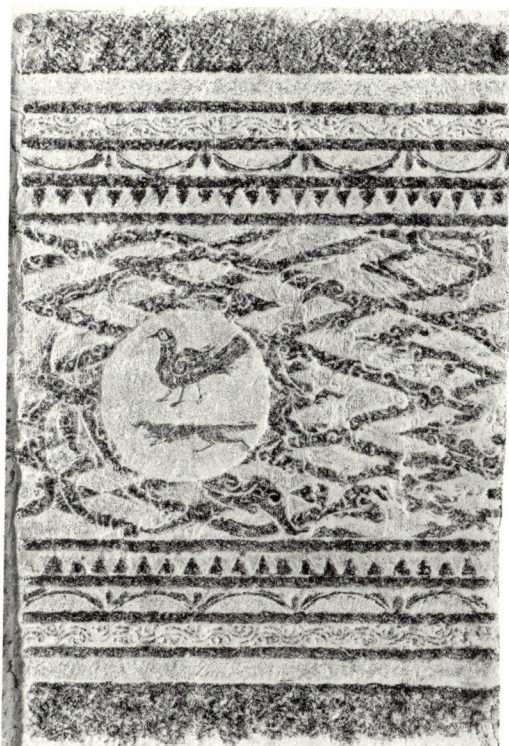

编号	SD-AQ-001-079
原编号	45B
时代	东汉
出土/征集地	山东省安丘市董家庄
出土/征集时间	1959 年
原石尺寸	135×80
质地	石灰岩
原石情况	原石呈长方形，基本完整。
组合关系	中室封顶石东二石

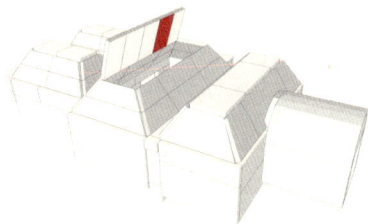

画面简述 此图为浅浮雕。画面一侧刻一圆形日轮，内有三足乌，鸟下方有一兽（一说为九尾狐）。其余画面布满云气纹，呈菱形格状。画面上、下有四层框，从外至内依次为斜线纹、云气纹（？）、垂幔纹、三角形纹。

著录与文献 张学海、蒋英炬、毕宝启：《山东安丘汉画象石墓发掘简报》，《文物》1964 年第 4 期，第 36 页，图 3；安丘县文化局、安丘县博物馆：《安丘董家庄汉画像石墓》，济南：济南出版社，1992 年，图版 36，编号 45B；曾蓝莹：《作坊、格套与地域子传统：从山东安丘董家庄汉墓的制作痕迹谈起》，《美术史研究集刊》2000 年第 8 期，台北：台湾大学艺术史研究所，第 67 页，图 11a、11b；中国画像石全集编辑委员会编《中国画像石全集 1·山东汉画像石》，济南：山东美术出版社，2000 年，第 113 页，图 153；汪小洋：《汉画像石宗教思想研究》，博士学位论文，南京艺术学院，2004 年，第 69 页，图 41；郑岩、姜彦文：《董家庄汉墓》，济南：山东人民出版社，2014 年，第 161 页，图版 98。

收藏单位 安丘市博物馆

编号	SD-AQ-001-080
原编号	45C
时代	东汉
出土/征集地	山东省安丘市董家庄
出土/征集时间	1959 年
原石尺寸	135×112
质地	石灰岩
原石情况	原石呈长方形，中间有裂痕，基本完整。
组合关系	中室封顶石东三石

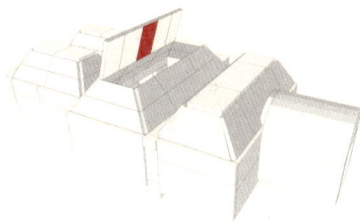

画面简述　此图为浅浮雕。画面以直线形云气纹作分隔，左端分为上下两格，上格为末端化为鸟首的云气纹，下格有一飞鸟。其右一格内又套着一倾斜的矩形格，格内皆填刻末端化为鸟首的云气纹。其右有一方格，格内左上角为一凤鸟，头生羽冠，羽冠化为云气，尾分三歧，展翅而飞，其下方为末端化为鸟首的云气纹。凤鸟右方为一云龙纹对角斜跨，云龙纹化生云气，云端变化为鸟首。矩形格与方格之间有一羽人。方格之下的一格里刻云气，云端变化为鸟首。右端三格里各有一兽。画面上、下有三层框，从外至内依次为琐纹、垂幔纹、三角形纹。

著录与文献　张学海、蒋英炬、毕宝启：《山东安丘汉画象石墓发掘简报》，《文物》1964 年第 4 期，第 36 页，图 3；安丘县文化局、安丘县博物馆：《安丘董家庄汉画像石墓》，济南：济南出版社，1992 年，图版 37，编号 45C；曾蓝莹：《作坊、格套与地域子传统：从山东安丘董家庄汉墓的制作痕迹谈起》，《美术史研究集刊》2000 年第 8 期，台北：台湾大学艺术史研究所，第 67 页，图 11a、11b；中国画像石全集编辑委员会编《中国画像石全集 1·山东汉画像石》，济南：山东美术出版社，2000 年，第 113 页，图 153；汪小洋：《汉画像石宗教思想研究》，博士学位论文，南京艺术学院，2004 年，第 69 页，图 41；郑岩、姜彦文：《董家庄汉墓》，济南：山东人民出版社，2014 年，第 162 页，图版 99。

收藏单位　安丘市博物馆

编号	SD-AQ-001-081
原编号	45D
时代	东汉
出土/征集地	山东省安丘市董家庄
出土/征集时间	1959 年
原石尺寸	135×92
质地	石灰岩
原石情况	原石呈长方形，有一角残缺。
组合关系	中室封顶石东四石
画面简述	此图为浅浮雕。画面中央刻一月轮，内有一臼，左侧为一（玉）兔直立，长耳短尾，手持一杵，在臼中捶捣；右侧为一大腹蟾蜍直立，亦手持一杵，在臼中捶捣。圆形周围布满菱形穿璧纹。画面上、下有四层框，从外至内依次为斜线纹、云气纹（？）、垂幔纹、三角形纹。
著录与文献	张学海、蒋英炬、毕宝启：《山东安丘汉画象石墓发掘简报》，《文物》1964 年第 4 期，第 36 页，图 3；安丘县文化局、安丘县博物馆：《安丘董家庄汉画像石墓》，济南：济南出版社，1992 年，图版 38，编号 45D；曾蓝莹：《作坊、格套与地域子传统：从山东安丘董家庄汉墓的制作痕迹谈起》，《美术史研究集刊》2000 年第 8 期，台北：台湾大学艺术史研究所，第 67 页，图 11a、11b；中国画像石全集编辑委员会编《中国画像石全集 1·山东汉画像石》，济南：山东美术出版社，2000 年，第 113 页，图 153；汪小洋：《汉画像石宗教思想研究》，博士学位论文，南京艺术学院，2004 年，第 69 页，图 41；郑岩、姜彦文：《董家庄汉墓》，济南：山东人民出版社，2014 年，第 163 页，图版 100。
收藏单位	安丘市博物馆

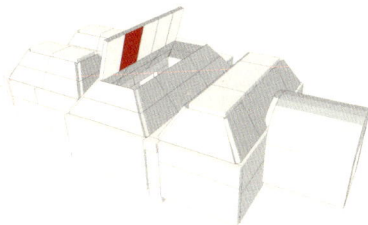

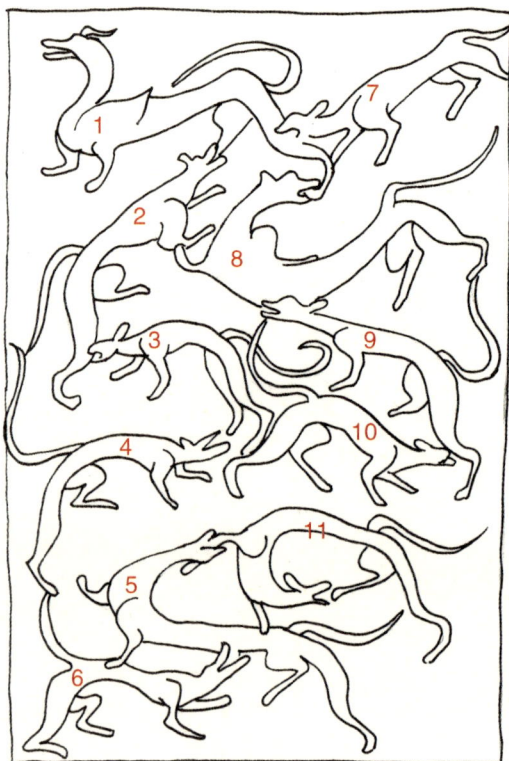

编号	SD-AQ-001-082
原编号	45E
时代	东汉
出土/征集地	山东省安丘市董家庄
出土/征集时间	1959 年
原石尺寸	135×76
质地	石灰岩
原石情况	原石呈长方形，基本完整。
组合关系	中室封顶石东五石
画面简述	此图为浅浮雕。画面分别刻：1. 龙，头生角，肩生翼，昂首而立；2. 兽，咬住龙的后足；3. 兽，咬住兽 (2) 的右后足；4. 兽，欲咬兽 (3) 的右后足；5. 兽，头部后仰，咬右侧兽的腿；6. 兽，咬住兽 (5) 的腹部；7. 兽，咬龙的左后股；8. 兽，咬龙的左后足；9. 兽，咬兽 (8) 的腹部；10. 兽，咬兽 (9) 的左后足；11. 兽，扭身回首，欲咬自己的后足。画面上、下、右有四层框，从外至内依次为斜线纹、云气纹（？）、垂幔纹、三角形纹。
著录与文献	张学海、蒋英炬、毕宝启：《山东安丘汉画象石墓发掘简报》，《文物》1964 年第 4 期，第 36 页，图 3；安丘县文化局、安丘县博物馆：《安丘董家庄汉画像石墓》，济南：济南出版社，1992 年，图版 39，编号 45E；曾蓝莹：《作坊、格套与地域子传统：从山东安丘董家庄汉墓的制作痕迹谈起》，《美术史研究集刊》2000 年第 8 期，台北：台湾大学艺术史研究所，第 67 页图 11a、11b，第 82 页图 39；中国画像石全集编辑委员会编《中国画像石全集 1·山东汉画像石》，济南：山东美术出版社，2000 年，第 113 页，图 153；汪小洋：《汉画像石宗教思想研究》，博士学位论文，南京艺术学院，2004 年，第 69 页，图 41；郑岩、姜彦文：《董家庄汉墓》，济南：山东人民出版社，2014 年，第 164 页，图版 101。
收藏单位	安丘市博物馆

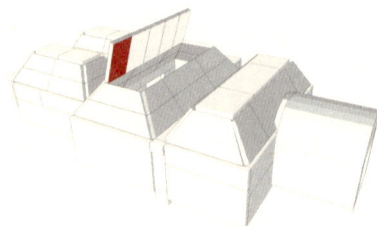

SD-AQ-001-082 局部

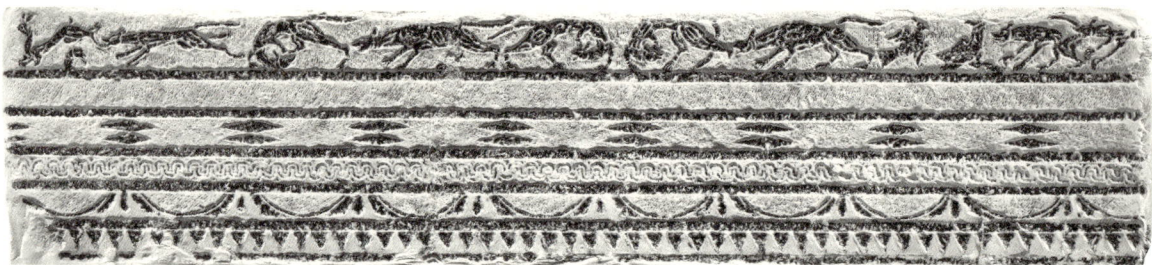

编号	SD-AQ-001-083
原编号	46
时代	东汉
出土/征集地	山东省安丘市董家庄
出土/征集时间	1959 年
原石尺寸	42×208
质地	石灰岩
原石情况	原石呈长方形，基本完整。
组合关系	后室西间南壁横梁

画面简述　此图为浅浮雕。画面上部从左至右刻一排动物形象。左端为一兔，长耳短尾，后足腾空，向左奔跑。其下有一鸟首自画面下方探出。左二为一兽似犬，四足腾空，向左作疾奔状，张口欲咬兔腿。左三为一兽似犬，扭身回首，头颈触地。左四为一兽似犬，向左作疾奔状，张口欲咬前兽之腿。左五为一兽似犬，朝右而立，扭身回首至腹下。左六为一兽似犬，朝左而立，扭身回首至腹下，与左五呈对称状姿态。左七为一兽似犬，朝左而立，张口欲咬前兽之腿。左八为一飞鸟，头生羽冠，展翅朝左飞行。左九为一鸟，头生羽冠，收翅朝右而立。左十为一兽似犬，面朝左，张口吐舌。最末为一兽似犬，只见半身，朝左扑来，咬住前兽的尾巴。画面下边有五层框，从下至上依次为三角形纹、垂幔纹、琐纹、双菱形纹、斜线纹。

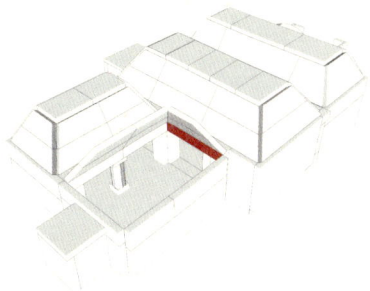

著录与文献　安丘县文化局、安丘县博物馆：《安丘董家庄汉画像石墓》，济南：济南出版社，1992 年，图版 40，编号 46；曾蓝莹：《作坊、格套与地域子传统：从山东安丘董家庄汉墓的制作痕迹谈起》，《美术史研究集刊》2000 年第 8 期，台北：台湾大学艺术史研究所，第 83 页，图 54；中国画像石全集编辑委员会编《中国画像石全集 1·山东汉画像石》，济南：山东美术出版社，2000 年，第 122 页，图 161。

收藏单位　安丘市博物馆

编号	SD-AQ-001-084
原编号	47A
时代	东汉
出土/征集地	山东省安丘市董家庄
出土/征集时间	1959 年
原石尺寸	80×360
质地	石灰岩
原石情况	原石呈长方形，基本完整。
组合关系	后室西间西壁上层石

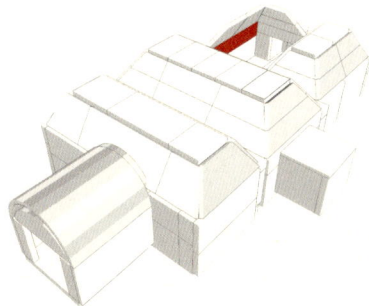

画面简述　此图为浅浮雕。画面以中间的山为界分为三个部分。第一部分刻：1、2、3.三兽，最上一兽咬住其下一兽的尾巴，第三只兽扭身回首，欲咬自己的右后足；4、5、6.三兽，最上一兽咬住其下一兽的背部，第二只兽咬住第三列最上一兽的右后足，第三只兽咬住第三列第二只兽的右后足；7.鱼；8、9、10.三兽，最上一兽仰首回望，第二只兽咬住第四列第四只兽的右后足，最下一兽背部拱起，似蓄势待发，作准备攻击状；11.飞鸟；12.兽，作疾奔状；13.兽，头小肚大，有鬃毛，似为野猪（？）；14.兽，俯身前扑；15.兽，前足扬起；16.卧鹿（？），头生双角；17.鸟，收翅单足而立，另一足踩在野猪臀部；18.兽，作疾奔状；19.龙（？），口大张，肩生翼；20.兽，后足和尾部残损；21.卧鹿，头生双角；22.羽人，一手举起，抬腿回首；23.羽人，手持芝草。第二部分刻：24.山，三峰形如“山”字，山形之内以线刻方式表现数座小峰与树木，山顶有云气，以及各种鸟兽，包括翼虎、鸟、翼兽、鹿、犬、人面鸟；25.鸟，收翅侧身而立；26.鸟，收翅侧身而立，头生羽冠；27、28.二鹿，相对而卧，皆头生双角；29、30、31、32.四兽，皆从山峦中露部分身体；33.羽人，似向左，动作不明；34、35、36、37、38、39、40.峰峦间动物，似为虎及鹿；41.鸮，收翅而立；42.兽，扭身回首；43.兽，向左奔跑；44.鸟，收翅而立；45.虎，从山间露出部分身体。第三部分刻狩猎场景：46.树；47、48.二人，皆着短衣，一手持器具（弩？），一手牵犬；49、50.犬；51.兽，似犬；52.猿，站于树上；53.鹿，头生双角，已奔至山边；54.犬，扑向鹿；55.兽，回首飞奔；56、57、58.犬，追逐二小兽；59.兽，反身呈弧形，似欲与犬相搏；60、62.二人，皆一手持T形器具（弩？），一手牵犬面山而行；61、63.犬；64.一骑，马作疾奔状，骑手荷毕；65、66.二兽，相逐；67.犬，扭身回望；68.大树，枝叶间栖九只鸟，树干左侧露出一鸟首，左下的树枝上挂一料斗；69.马，系于树上，马腿间有绊（絷）；70.一人，张弓面树而射；71.飞鸟；72.犬，蹲坐；73.凤鸟，头生羽冠，长尾卷翘；74、75.二羽人，皆面左伸右手，抬右腿呈前趋状。画面左、右、上有框，其中上、右为五层框，从外至内依次为云气纹、斜线纹、琐纹、垂幔纹、三角形纹。

著录与文献　山东省博物馆、山东省文物考古研究所编《山东汉画像石选集》，济南：齐鲁书社，1982年，图版二二六，图537；张学海、蒋英炬、毕宝启：《山东安丘汉画象石墓发掘简报》，《文物》1964年第4期，第40页，图10；安丘县文化局、安丘县博物馆：《安丘董家庄汉画像石墓》，济南：济南出版社，1992年，图版41，编号47；曾蓝莹：《作坊、格套与地域子传统：从山东安丘董家庄汉墓的制作痕迹谈起》，《美术史研究集刊》2000年第8期，台北：台湾大学艺术史研究所，第71页，图20；中国画像石全集编辑委员会编《中国画像石全集1·山东汉画像石》，济南：山东美术出版社，2000年，第120页，图160；郑岩、姜彦文：《董家庄汉墓》，济南：山东人民出版社，2014年，第166页，图版104；赵碧玉：《试论祭祀题材的画像在汉墓中的配置问题》，《洛阳考古》2015年第4期，第75—80、88页。

收藏单位　安丘市博物馆

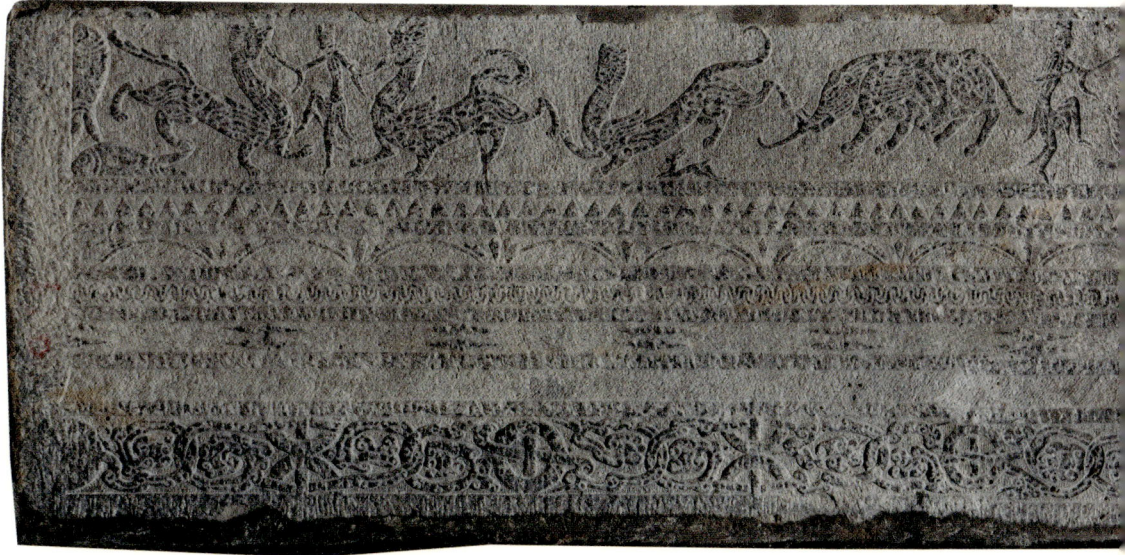

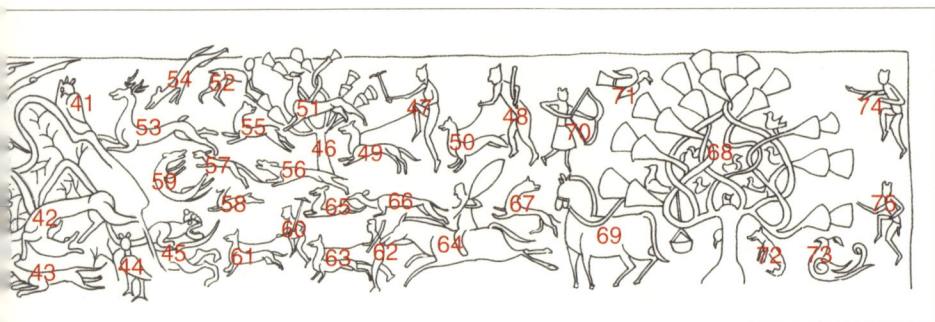

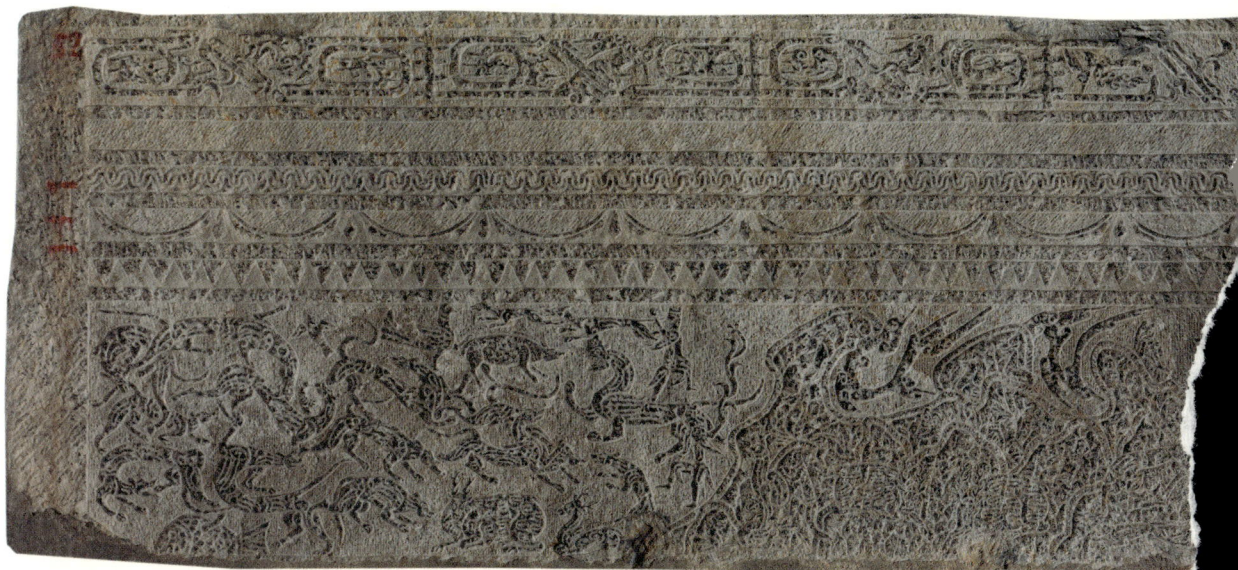

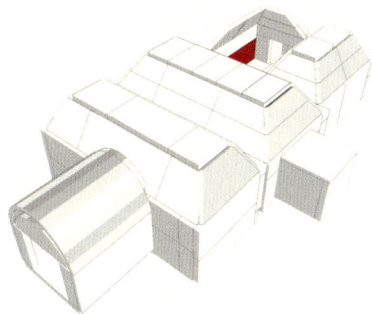

编号	SD-AQ-001-085
原编号	47B
时代	东汉
出土/征集地	山东省安丘市董家庄
出土/征集时间	1959 年
原石尺寸	78×360
质地	石灰岩
原石情况	原石呈长方形，基本完整。
组合关系	后室西间西壁下层石
画面简述	此图为浅浮雕。画面左端和左下角各有一鱼。其右为二虎形有翼兽相对而立，左兽（一说为辟邪）头生一角，颌下有须，右兽（一说为天禄）头生两角，二兽皆肩生翼，口张开，长尾多歧。二兽之间有一羽人，一腿抬起，两手伸向二兽头部。二兽之右为一翼虎；其身下一兔，长耳短尾，作奔跑状。虎之右为一象，肩生羽翼，长鼻前伸，长牙上翘。象身后为一羽人，一腿抬起，一手前伸，似持丹丸饲虎形独角有翼兽（一说为辟邪）；该兽张口露齿，颌下有须，长尾多歧向后伸展。再右亦为二虎形有翼兽相对而立，居左者（一说为辟邪）头生独角，两者皆张口露齿，颌下有须，长尾多歧向后伸展。右端为二翼虎上下相背而立，虎口大张，长尾后伸。画面左、右、下有框，其中右、下为六层框，下边最外层为云气穿璧纹，右边最外层为云气纹，其余五层从外至内依次为斜线纹、双菱形纹、琐纹、垂幔纹、三角形纹。
著录与文献	张学海、蒋英炬、毕宝启：《山东安丘汉画象石墓发掘简报》，《文物》1964年第4期，第40页，图10；山东省博物馆、山东省文物考古研究所编《山东汉画像石选集》，济南：齐鲁书社，1982年，图版二二六，图537；安丘县文化局、安丘县博物馆：《安丘董家庄汉画像石墓》，济南：济南出版社，1992年，图版41，编号47；中国画像石全集编辑委员会编《中国画像石全集1·山东汉画像石》，济南：山东美术出版社，2000年，第120页，图160；祝佳：《春秋至南北朝（公元前7世纪—公元6世纪）中国有翼神兽类型及演变研究》，硕士学位论文，浙江大学，2013年，第40页，图2.31.6；郑岩、姜彦文：《董家庄汉墓》，济南：山东人民出版社，2014年，第166页，图版104；薛栋：《汉画像"翼兽"图像研究》，硕士学位论文，江苏师范大学，2018年，第35页，图2-27。
收藏单位	安丘市博物馆

SD-AQ-001-084 局部

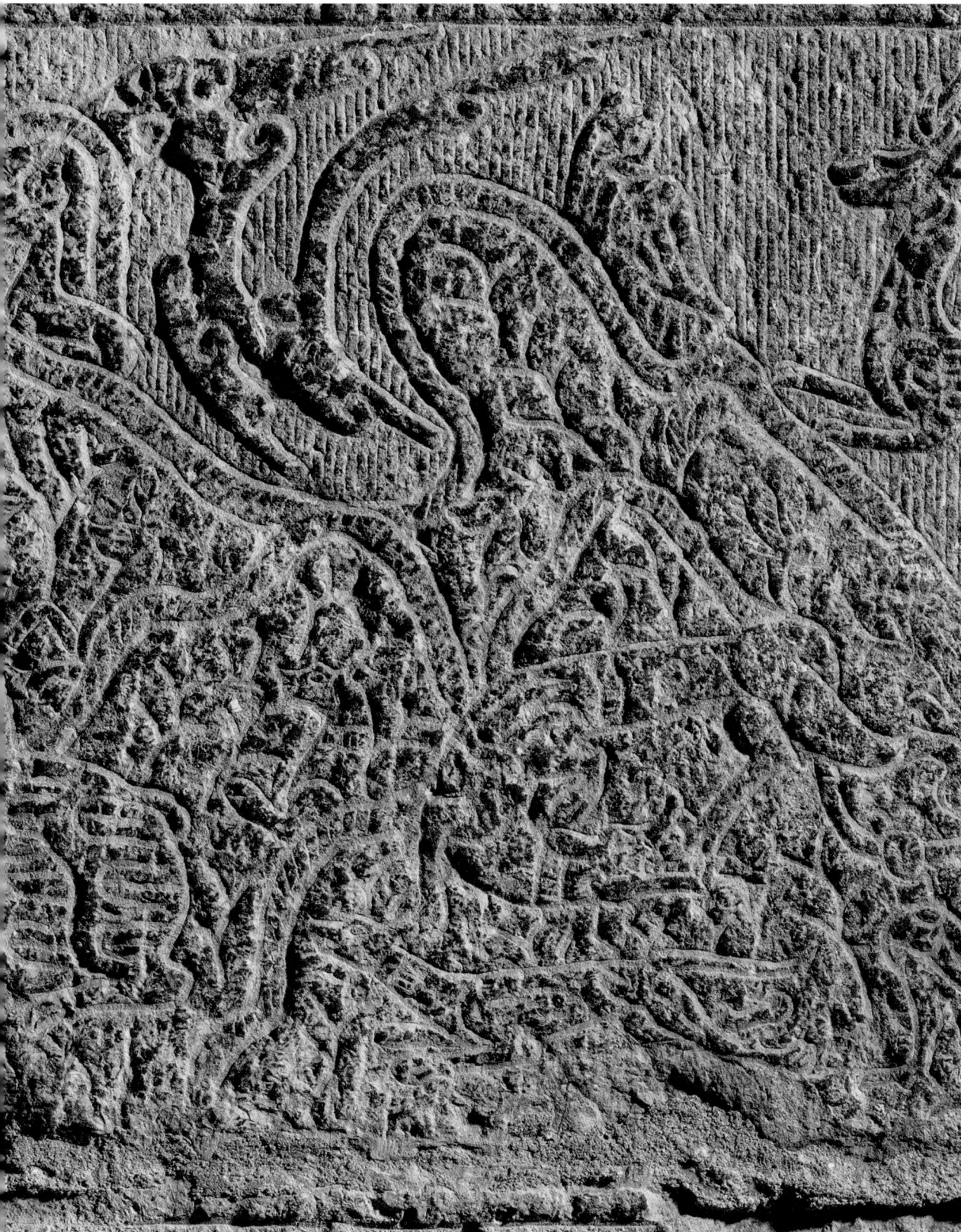

SD-AQ-001-084 局部

SD-AQ-001-084 局部

SD-AQ-001-084 局部

SD-AQ-001-085 局部

SD-AQ-001-085 局部

SD-AQ-001-085 局部

SD-AQ-001-085 局部

编号	SD-AQ-001-086
原编号	50
时代	东汉
出土/征集地	山东省安丘市董家庄
出土/征集时间	1959 年
原石尺寸	55×210
质地	石灰岩

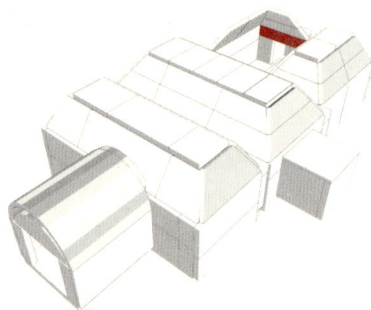

原石情况	原石呈长方形，断为三块，断裂处画面残缺。
组合关系	后室西间北壁横梁
画面简述	此图为浅浮雕。画面左上角为一鸟；其右有一兽，肩生翼，反身回首；再右亦有一鸟展翅而立。画面左下角为另一兽，肩生双翼，只见头部和后半身，其余残损。画面中部为二凤鸟相对展翅而立，皆头生羽冠，尾分三歧。凤鸟之间有一羽人，伸双手抚鸟首。凤鸟之下有一鱼。再右有一兽，肩生双翼，头上有角（？），具体形象不明；其上方及下方各有一兽（？），亦皆模糊难辨细节。最右端为一凤鸟立于云朵（山峰？）之上，鸟首残损，尾分二歧，其下有一鸟衔连珠。画面上、右有三层框，从外至内依次为垂幔纹、绳纹、三角形纹；其中右侧垂幔呈椭圆形，推测为模仿重力下垂的实际效果。
著录与文献	安丘县文化局、安丘县博物馆：《安丘董家庄汉画像石墓》，济南：济南出版社，1992年，图版46，编号50；曾蓝莹：《作坊、格套与地域子传统：从山东安丘董家庄汉墓的制作痕迹谈起》，《美术史研究集刊》2000年第8期，台北：台湾大学艺术史研究所，第81页，图44；中国画像石全集编辑委员会编《中国画像石全集1·山东汉画像石》，济南：山东美术出版社，2000年，第125页，图165；郑岩、姜彦文：《董家庄汉墓》，济南：山东人民出版社，2014年，第179页图版117，第180页图版118；薛栋：《汉画像"翼兽"图像研究》，硕士论文学位，江苏师范大学，2018年，第33页，图2-23。
收藏单位	安丘市博物馆

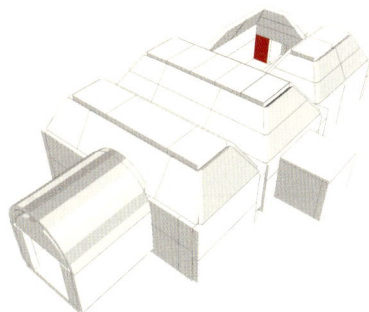

编号	SD-AQ-001-087
原编号	48
时代	东汉
出土/征集地	山东省安丘市董家庄
出土/征集时间	1959年
原石尺寸	111×61
质地	石灰岩
原石情况	原石呈长方形，基本完整。
组合关系	后室西间北壁西侧立石
画面简述	此图为浅浮雕。画面分上下两部分：上刻云气纹；下刻铺首衔环，铺首圆眼凸出，额部似山尖形，双耳外撇，口中衔环，环中有双鱼。画面左、右、上有三层框，从外至内依次为垂幔纹、云气纹、三角形纹。
著录与文献	安丘县文化局、安丘县博物馆：《安丘董家庄汉画像石墓》，济南：济南出版社，1992年，图版44，编号48；中国画像石全集编辑委员会编《中国画像石全集1·山东汉画像石》，济南：山东美术出版社，2000年，第123页，图164；郑岩、姜彦文：《董家庄汉墓》，济南：山东人民出版社，2014年，第175页图版113，第176页图版114。
收藏单位	安丘市博物馆

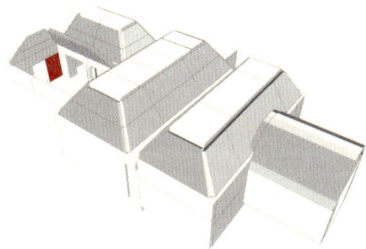

编号	SD-AQ-001-088
原编号	49
时代	东汉
出土/征集地	山东省安丘市董家庄
出土/征集时间	1959 年
原石尺寸	111×83
质地	石灰岩
原石情况	原石呈长方形，基本完整。
组合关系	后室西间北壁东侧立石
画面简述	此图为浅浮雕。画面分上下两部分：上刻一凤鸟展翅，左向而立；下刻铺首衔环，铺首圆眼凸出，额部似山尖形，双耳外撇，口中衔环，环中有双鱼，环下部挂一物似帛（绶带？），铺首两侧伸出二兽足。画面四周有框，其中左、上为四层框，从外至内依次为斜线纹、垂幔纹、云气纹、三角形纹；右为三层框，从外至内依次为斜线纹、垂幔纹、三角形纹。
著录与文献	安丘县文化局、安丘县博物馆：《安丘董家庄汉画像石墓》，济南：济南出版社，1992 年，图版 45，编号 49；中国画像石全集编辑委员会编《中国画像石全集 1·山东汉画像石》，济南：山东美术出版社，2000 年，第 122 页，图 163；徐振杰：《中国早期佛教造像民族化与世俗化研究》，博士学位论文，山东大学，2006 年，第 84 页，图 93；郑岩、姜彦文：《董家庄汉墓》，济南：山东人民出版社，2014 年，第 177 页图版 115，第 178 页图版 116。
收藏单位	安丘市博物馆

编号	SD-AQ-001-089
原编号	51A
时代	东汉
出土/征集地	山东省安丘市董家庄
出土/征集时间	1959 年
原石尺寸	45×177×44
质地	石灰岩
原石情况	原石呈长方形，基本完整，右下角残缺。
组合关系	后室过梁西面北段
画面简述	此图为浅浮雕。画面最上边刻一排动物形象。左端上部为一龙，张口含珠，面右而立；龙下一兽，圆耳长尾，左行。左二为一兽，肩生双翼，一足抬起。左三为一鹿，头生双角。左四为一虎（？），肩生双翼。左五为一卧羊，头生双角。左六有二兽，前者长尾卷扬，后者躬身低首。左七为一卧羊，头生双角。左八为一兽呈趴卧（或奔跑）状，刻画不明。最右端为二兽相对而卧，皆肩生翼，头部超出画面不可见，似有蹄。画面下有五层框，从下至上依次为三角形纹、垂幔纹、绳纹、菱形套连纹、斜线纹。
著录与文献	安丘县文化局、安丘县博物馆：《安丘董家庄汉画像石墓》，济南：济南出版社，1992 年，图版 40，编号 51A；中国画像石全集编辑委员会编《中国画像石全集 1·山东汉画像石》，济南：山东美术出版社，2000 年，第 122 页，图 162；郑岩、姜彦文：《董家庄汉墓》，济南：山东人民出版社，2014 年，第 181 页，图版 119；薛栋：《汉画像"翼兽"图像研究》，硕士学位论文，江苏师范大学，2018 年，第 31 页，图 2-18。
收藏单位	安丘市博物馆

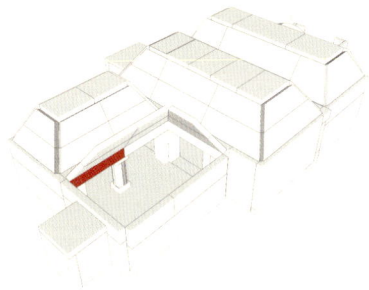

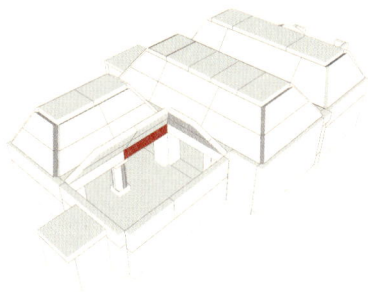

编号	SD-AQ-001-090
原编号	51B
时代	东汉
出土/征集地	山东省安丘市董家庄
出土/征集时间	1959 年
原石尺寸	45×178×44
质地	石灰岩
原石情况	原石呈长方形，中间有裂痕，基本完整。
组合关系	后室过梁西面南段
画面简述	此图为浅浮雕。画面上部刻云气纹，左侧云气间有草叶纹穿插。画面下部有五层框，从下至上依次为三角形纹、垂幔纹、绳纹、双菱形纹、斜线纹。
著录与文献	安丘县文化局、安丘县博物馆：《安丘董家庄汉画像石墓》，济南：济南出版社，1992 年，图版66，编号51B。
收藏单位	安丘市博物馆

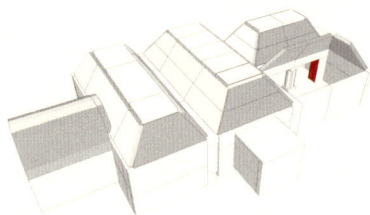

编号	SD-AQ-001-091(1)
原编号	69
时代	东汉
出土/征集地	山东省安丘市董家庄
出土/征集时间	1959年
原石尺寸	120×45
质地	石灰岩
原石情况	原石为方形立柱，基本完整。
组合关系	后室方柱南面
画面简述	栌斗以浅浮雕技法刻云气纹。柱身为高浮雕，以两横带分隔为上、中、下三格，上层横带饰横向"人"字纹，下层横带空白无纹。上格为两排人物，上排三人，左二人坐，身着右衽衣，右一人下方为一人面；下排三人，皆踞坐，中间一人朝右侧身，其与右一人皆身着右衽衣。中格从左至右分四列，第一列二人，皆长袍广袖，上一人双手抬于胸前，下一人袖手；第二列二人，皆长袍广袖，双手抬于胸前；第三列最上为一人面，其下二人皆长袍广袖，中间一人一手抬起，一手下垂；第四列二人，皆长袍广袖，上一人拱手，下一人一手抬起，一手下垂。下格刻四道弧面凹槽，槽之间有棱。
著录与文献	安丘县文化局、安丘县博物馆：《安丘董家庄汉画像石墓》，济南：济南出版社，1992年，图版77，编号69；郑岩：《安丘董家庄汉墓立柱雕刻图像考》，载山东大学历史系考古教研室编《纪念山东大学考古专业创建二十周年文集》，济南：山东大学出版社，1992年，第397—413页；中国画像石全集编辑委员会编《中国画像石全集1·山东汉画像石》，济南：山东美术出版社，2000年，第131页，图177；王伟：《汉晋六朝神道柱与外来文化研究》，《艺术研究》2009年第1期，第9—12页；郑岩、姜彦文：《董家庄汉墓》，济南：山东人民出版社，2014年，第234页，图版172；张旻昊：《柱身卷杀的传入与东西方的做法差异》，《建筑与文化》2015年第7期，第136页，图6。
收藏单位	安丘市博物馆

编号	SD-AQ-001-091(2)
原编号	69
时代	东汉
出土/征集地	山东省安丘市董家庄
出土/征集时间	1959 年
原石尺寸	120×46
质地	石灰岩
原石情况	原石为方形立柱，基本完整。
组合关系	后室方柱西面
画面简述	此图为高浮雕。画面左侧为缠绕盘曲的蛟龙，龙身有鳞片。右侧最上为一胡人，高鼻深目，身着鳞甲纹衣饰，左臂屈起，搭在腰间，右臂下垂，左腿屈起。其身后一人，一手搭在其肩头，此人之下有二人面。胡人之下有一人跪坐，头部毁损，身着右衽衣，两手下垂，置于腿上。其后有一人，一手搭在其肩头。最下方为一人坐，怀抱一身形较小的人物形象，似为小孩。
著录与文献	安丘县文化局、安丘县博物馆：《安丘董家庄汉画像石墓》，济南：济南出版社，1992 年，图版 77，编号 69；郑岩：《安丘董家庄汉墓立柱雕刻图像考》，载山东大学历史系考古教研室编《纪念山东大学考古专业创建二十周年文集》，济南：山东大学出版社，1992 年，第 397—413 页；中国画像石全集编辑委员会编《中国画像石全集 1·山东汉画像石》，济南：山东美术出版社，2000 年，第 131 页，图 176；郑岩、姜彦文：《董家庄汉墓》，济南：山东人民出版社，2014 年，第 235 页，图版 173。
收藏单位	安丘市博物馆

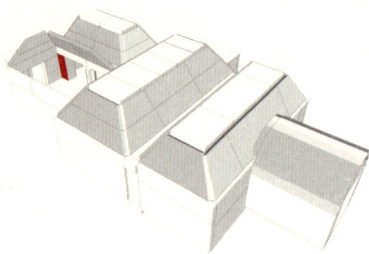

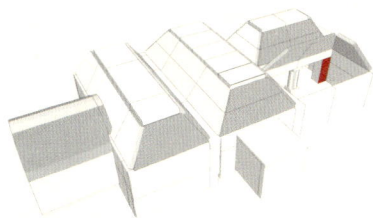

编号	SD-AQ-001-091(3)
原编号	69
时代	东汉
出土/征集地	山东省安丘市董家庄
出土/征集时间	1959 年
原石尺寸	120×46
质地	石灰岩
原石情况	原石为方形立柱，基本完整。
组合关系	后室方柱东面
画面简述	此图为高浮雕。画面右侧为缠绕盘曲的蛟龙，龙身有鳞片，龙身之间有一人面。左侧最上以透雕技法刻一人，裸身，两腿跪，右臂屈起，承托栌斗。其右有一人呈趴伏姿态。其下有二人，居右者一手搭在居左者肩头，二人皆身着右衽衣，左臂屈起，搭在腰间，作行走状。其身后上下位置有二人面，居右者腿间亦有一人面。其下为二人坐，居左者靠在居右者的背上，手揽住其腰，居右者之右有一人面。最下为一熊，腹部微鼓，两臂下垂。
著录与文献	安丘县文化局、安丘县博物馆：《安丘董家庄汉画像石墓》，济南：济南出版社，1992 年，图版79，编号69；郑岩：《安丘董家庄汉墓立柱雕刻图像考》，载山东大学历史系考古教研室编《纪念山东大学考古专业创建二十周年文集》，济南：山东大学出版社，1992 年，第397—413页；中国画像石全集编辑委员会编《中国画像石全集1·山东汉画像石》，济南：山东美术出版社，2000 年，第131页，图178；郑岩、姜彦文：《董家庄汉墓》，济南：山东人民出版社，2014 年，第236页，图版174。
收藏单位	安丘市博物馆

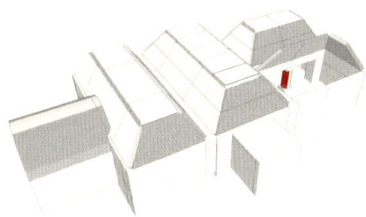

编号	SD-AQ-001-092(1)
原编号	68
时代	东汉
出土/征集地	山东省安丘市董家庄
出土/征集时间	1959 年
原石尺寸	直径 42，高 120
质地	石灰岩
原石情况	原石为圆柱，基本完整。
组合关系	后室圆柱南面
画面简述	此图为高浮雕。栌斗无饰。柱身从上至下刻十二只兽互相穿插、衔咬，其状似犬，四肢及尾部修长，身上有圆形和条状斑纹，颈上有项圈。其间填刻十三个人面、一个同心圆，其中二人面吐舌，一人面露齿。
著录与文献	安丘县文化局、安丘县博物馆：《安丘董家庄汉画像石墓》，济南：济南出版社，1992 年，图版 65，编号 68；郑岩：《安丘董家庄汉墓立柱雕刻图像考》，载山东大学历史系考古教研室编《纪念山东大学考古专业创建二十周年文集》，济南：山东大学出版社，1992 年，第 397—413 页。
收藏单位	安丘市博物馆

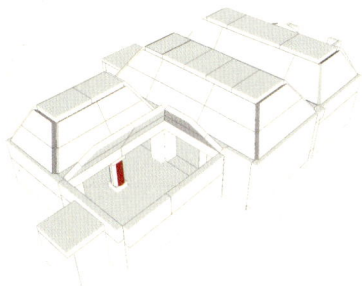

编号	SD-AQ-001-092(2)
原编号	68
时代	东汉
出土/征集地	山东省安丘市董家庄
出土/征集时间	1959 年
原石尺寸	直径 42，高 120
质地	石灰岩
原石情况	原石为圆柱，基本完整。
组合关系	后室圆柱西面
画面简述	此图为高浮雕。栌斗刻一兽，仰身向上，只见右后足，尾巴缠绕于足间。柱身最上部中央刻一人半蹲，腿分开，头向右歪，吐舌，左手支头，右手举起，承托栌斗。其左有一羽人，双手上举。其下有五兽互相穿插、衔咬，其状似犬，四肢及尾部修长，身上有圆形和条状斑纹，颈上有项圈。其间填刻五个人面、三个同心圆。
著录与文献	安丘县文化局、安丘县博物馆：《安丘董家庄汉画像石墓》，济南：济南出版社，1992 年，图版 65，编号 68；郑岩：《安丘董家庄汉墓立柱雕刻图像考》，载山东大学历史系考古教研室编《纪念山东大学考古专业创建二十周年文集》，济南：山东大学出版社，1992 年，第 397—413 页。
收藏单位	安丘市博物馆

编号	SD-AQ-001-092(3)
原编号	68
时代	东汉
出土/征集地	山东省安丘市董家庄
出土/征集时间	1959 年
原石尺寸	直径 42，高 120
质地	石灰岩
原石情况	原石为圆柱，基本完整。
组合关系	后室圆柱北面
画面简述	此图为高浮雕。栌斗无饰。柱身最上部中央刻一人面，周围刻十只兽互相穿插、衔咬，其状似犬，四肢及尾部修长，身上有圆形和条状斑纹，颈上有项圈。其间填刻一个同心圆。
著录与文献	安丘县文化局、安丘县博物馆:《安丘董家庄汉画像石墓》，济南:济南出版社，1992 年，图版 65、编号 68;郑岩:《安丘董家庄汉墓立柱雕刻图像考》，载山东大学历史系考古教研室编《纪念山东大学考古专业创建二十周年文集》，济南:山东大学出版社，1992 年，第 397—413 页;郑岩、姜彦文:《董家庄汉墓》，济南:山东人民出版社，2014 年，第 231 页，图版 169。
收藏单位	安丘市博物馆

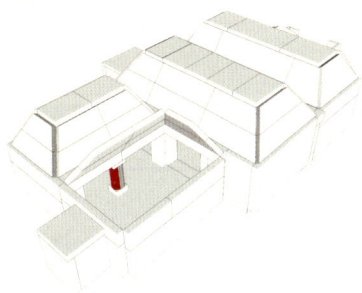

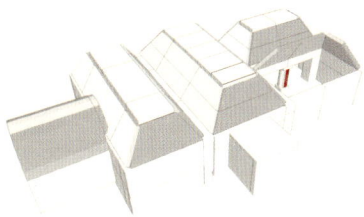

编号	SD-AQ-001-092(4)
原编号	68
时代	东汉
出土/征集地	山东省安丘市董家庄
出土/征集时间	1959 年
原石尺寸	直径 42，高 120
质地	石灰岩
原石情况	原石为圆柱，基本完整。
组合关系	后室圆柱东面
画面简述	此图为高浮雕。栌斗刻一兽，身躯蜷起，俯身向下，额上有隆起与鼻相连，口周有须，前足可见利爪。柱身刻十只兽互相穿插、衔咬，其状似犬，四肢及尾部修长，身上有圆形和条状斑纹，颈上有项圈。其间填刻十个人面、一个同心圆。
著录与文献	安丘县文化局、安丘县博物馆：《安丘董家庄汉画像石墓》，济南：济南出版社，1992 年，图版 65，编号 68；郑岩：《安丘董家庄汉墓立柱雕刻图像考》，载山东大学历史系考古教研室编《纪念山东大学考古专业创建二十周年文集》，济南：山东大学出版社，1992 年，第 397—413 页。
收藏单位	安丘市博物馆

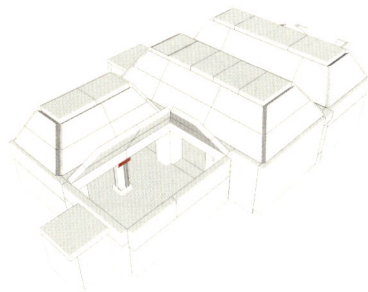

编号	SD-AQ-001-092(5)
原编号	68
时代	东汉
出土/征集地	山东省安丘市董家庄
出土/征集时间	1959 年
原石尺寸	
质地	石灰岩
原石情况	原石为圆柱，基本完整。
组合关系	后室圆柱顶端栌斗西面
画面简述	此图为高浮雕。栌斗刻一兽后半部分，身躯蜷起，足部可见利爪。
著录与文献	安丘县文化局、安丘县博物馆：《安丘董家庄汉画像石墓》，济南：济南出版社，1992 年，图版65，编号68；郑岩：《安丘董家庄汉墓立柱雕刻图像考》，载山东大学历史系考古教研室编《纪念山东大学考古专业创建二十周年文集》，济南：山东大学出版社，1992 年，第397—413页；郑岩、姜彦文：《董家庄汉墓》，济南：山东人民出版社，2014 年，第233页，图版171。
收藏单位	安丘市博物馆

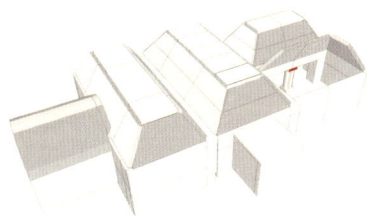

编　号	SD-AQ-001-092(6)
原编号	68
时　代	东汉
出土/征集地	山东省安丘市董家庄
出土/征集时间	1959 年
原石尺寸	
质　地	石灰岩
原石情况	原石为圆柱，基本完整。
组合关系	后室圆柱顶端栌斗东面
画面简述	此图为高浮雕。栌斗刻一兽前半部分，身躯蜷起，俯身向下，额上有隆起与鼻相连，口周有须，肩生双翼，足部可见利爪。
著录与文献	安丘县文化局、安丘县博物馆：《安丘董家庄汉画像石墓》，济南：济南出版社，1992 年，图版 65，编号 68；郑岩：《安丘董家庄汉墓立柱雕刻图像考》，载山东大学历史系考古教研室编《纪念山东大学考古专业创建二十周年文集》，济南：山东大学出版社，1992 年，第 397—413 页。
收藏单位	安丘市博物馆

编号	SD-AQ-001-093
原编号	52A
时代	东汉
出土/征集地	山东省安丘市董家庄
出土/征集时间	1959 年
原石尺寸	纵 44，上横 107，下横 138
质地	石灰岩
原石情况	原石呈梯形，基本完整。
组合关系	后室西间室顶南坡上层石
画面简述	此图为浅浮雕。画面刻二兽相对而立，居左者昂首回望，居右者昂首仰望。画面左、右、上有四层框，从外至内依次为斜线纹、琐纹、垂幔纹、三角形纹。
著录与文献	安丘县文化局、安丘县博物馆：《安丘董家庄汉画像石墓》，济南：济南出版社，1992 年，图版 47，编号 52；中国画像石全集编辑委员会编《中国画像石全集 1·山东汉画像石》，济南：山东美术出版社，2000 年，第 126 页，图 168；郑岩、姜彦文：《董家庄汉墓》，济南：山东人民出版社，2014 年，第 182 页图版 120，第 183 页图版 121。
收藏单位	安丘市博物馆

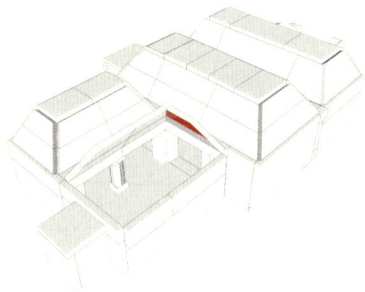

编号	SD-AQ-001-094
原编号	52B
时代	东汉
出土/征集地	山东省安丘市董家庄
出土/征集时间	1959 年
原石尺寸	纵 60，上横 138，下横 200
质地	石灰岩
原石情况	原石呈梯形，中间断裂。
组合关系	后室西间室顶南坡下层石
画面简述	此图为浅浮雕。画面分别刻：1、2、3. 三兽，皆肩生翼，中间一兽咬住最左一兽的左后足，最右一兽咬住中间之兽的尾巴；4. 鸟，可见头部从边框伸出；5、6、7. 三兽，中间一兽咬住最右一兽的背部；8、9、10. 三飞鸟；11、12. 二兽，皆扭身回首；13. 羽人，抓住身前一虎颔下之须；14. 虎，肩生翼；15. 兽，有翼，左行；16. 虎上方有一飞鸟；17. 兽，肩生双翼；18. 虎，露出半身。画面左、右、下有四层框，从外至内依次为斜线纹、琐纹、垂幔纹、三角形纹。
著录与文献	安丘县文化局、安丘县博物馆：《安丘董家庄汉画像石墓》，济南：济南出版社，1992 年，图版 47，编号 52；中国画像石全集编辑委员会编《中国画像石全集1·山东汉画像石》，济南：山东美术出版社，2000 年，第 126 页，图 168；郑岩、姜彦文：《董家庄汉墓》，济南：山东人民出版社，2014 年，第 182 页图版 120，第 183 页图版 121。
收藏单位	安丘市博物馆

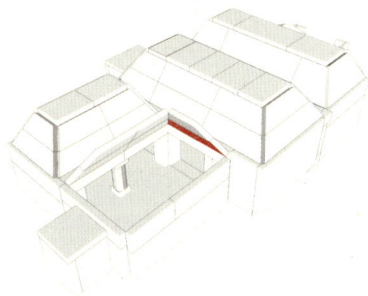

SD-AQ-001-094 局部

SD-AQ-001-094 局部

编号	SD-AQ-001-095
原编号	53A
时代	东汉
出土/征集地	山东省安丘市董家庄
出土/征集时间	1959 年
原石尺寸	纵 107，上横 100，下横 160
质地	石灰岩
原石情况	原石呈不规则梯形，右侧为直角边，基本完整。
组合关系	后室西间室顶西坡南石
画面简述	此图为浅浮雕。画面中央刻一凤鸟展翅而立，头生羽冠，尾分三歧。凤鸟左右各有一兽，左兽下方似又有一兽。画面上、下、左有四层框，从外至内依次为斜线纹、云气纹、垂幔纹（？）、空白无纹。
著录与文献	安丘县文化局、安丘县博物馆：《安丘董家庄汉画像石墓》，济南：济南出版社，1992 年，图版 48，编号 53A；中国画像石全集编辑委员会编《中国画像石全集 1·山东汉画像石》，济南：山东美术出版社，2000 年，第 124 页，图 167；郑岩、姜彦文：《董家庄汉墓》，济南：山东人民出版社，2014 年，第 184 页图版 122，第 185 页图版 123。
收藏单位	安丘市博物馆

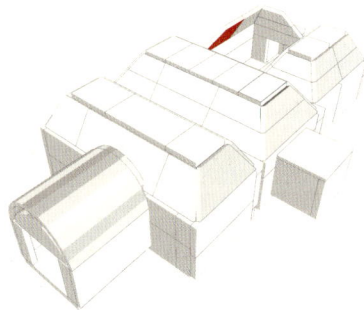

SD-AQ-001-095 局部

编　号	SD-AQ-001-096
原编号	53B
时　代	东汉
出土/征集地	山东省安丘市董家庄
出土/征集时间	1959 年
原石尺寸	纵 107，上横 140，下横 190
质　地	石灰岩
原石情况	原石呈不规则梯形，左侧为直角边，基本完整。
组合关系	后室西间室顶西坡北石
画面简述	此图为浅浮雕。画面刻直线与曲线组合的云气纹。画面上、下、右有四层框，从外至内依次为斜线纹、云气纹、垂幔纹、三角形纹。
著录与文献	安丘县文化局、安丘县博物馆：《安丘董家庄汉画像石墓》，济南：济南出版社，1992 年，图版 49，编号 53B；中国画像石全集编辑委员会编《中国画像石全集 1·山东汉画像石》，济南：山东美术出版社，2000 年，第 124 页，图 167；郑岩、姜彦文：《董家庄汉墓》，济南：山东人民出版社，2014 年，第 184 页图版 122，第 185 页图版 123。
收藏单位	安丘市博物馆

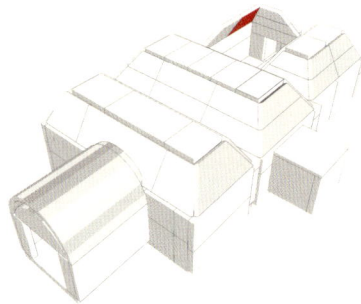

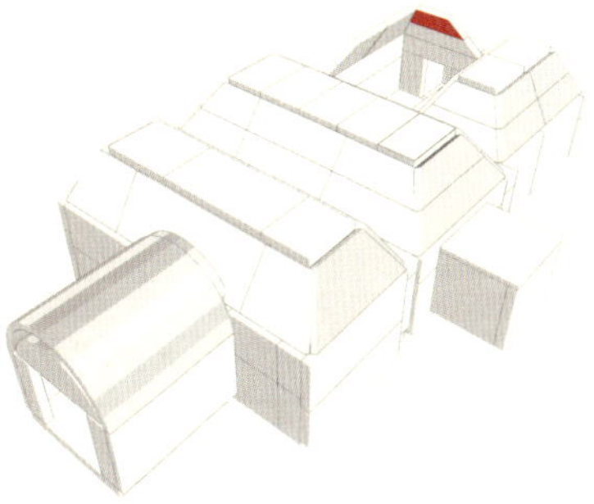

编号	SD-AQ-001-097
原编号	54A
时代	东汉
出土/征集地	山东省安丘市董家庄
出土/征集时间	1959 年
原石尺寸	纵 36，上横 88，下横 130
质地	石灰岩
原石情况	原石呈梯形，基本完整。
组合关系	后室西间室顶北坡上层石
画面简述	此图为浅浮雕。画面整体近似等腰梯形。画面左、右、上有五层框，从外至内依次为斜线纹、双菱形纹、琐纹、垂幔纹、三角形纹。
著录与文献	山东省博物馆、山东省文物考古研究所编《山东汉画像石选集》，济南：齐鲁书社，1982年，图版二二三，图533；安丘县文化局、安丘县博物馆：《安丘董家庄汉画像石墓》，济南：济南出版社，1992年，图版50，编号54；中国画像石全集编辑委员会编《中国画像石全集1·山东汉画像石》，济南：山东美术出版社，2000年，第127页，图169；郑岩、姜彦文：《董家庄汉墓》，济南：山东人民出版社，2014年，第186页图版124，第187页图版125。
收藏单位	安丘市博物馆

编号	SD-AQ-001-098
原编号	54B
时代	东汉
出土/征集地	山东省安丘市董家庄
出土/征集时间	1959 年
原石尺寸	纵 63，上横 130，下横 205
质地	石灰岩
原石情况	原石呈梯形，中间断裂。
组合关系	后室西间室顶北坡下层石
画面简述	此图为浅浮雕。画面整体近似等腰梯形，刻四人，上身皆广袖，下身着阔腿裤。左起第一人双臂屈起，两手叉腰，似朝右奔行。第二人跽坐，抬首望向第一人。第三人双臂屈起，面朝右，似跨步正立。第四人腰间佩剑，剑鞘上系有两根丝带；此人左手按剑鞘，右手抓剑柄，似欲抽剑，迈大步朝左而行。画面左、右、下有五层框，从外至内依次为斜线纹、双菱形纹、琐纹、垂幔纹、三角形纹。
著录与文献	山东省博物馆、山东省文物考古研究所编《山东汉画像石选集》，济南：齐鲁书社，1982 年，图版二二三，图533；安丘县文化局、安丘县博物馆：《安丘董家庄汉画像石墓》，济南：济南出版社，1992 年，图版50，编号54；中国画像石全集编辑委员会编《中国画像石全集1·山东汉画像石》，济南：山东美术出版社，2000 年，第127页，图169；郑岩、姜彦文：《董家庄汉墓》，济南：山东人民出版社，2014 年，第186页图版124，第187页图版125。
收藏单位	安丘市博物馆

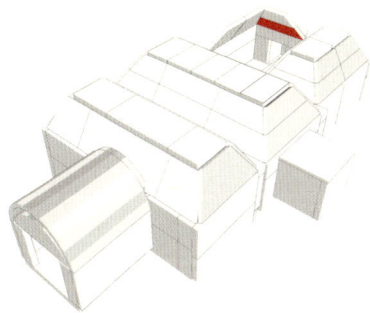

编号	SD-AQ-001-099
原编号	55A
时代	东汉
出土/征集地	山东省安丘市董家庄
出土/征集时间	1959 年
原石尺寸	纵 104，短边 140，长边 193
质地	石灰岩
原石情况	原石呈不规则梯形，右侧为直角边，基本完整。
组合关系	后室西间室顶东坡北石
画面简述	此图为浅浮雕。画面中偏右刻一神怪正面蹲坐，阔耳大口，耸肩，双手撑在膝头。其头上二凤鸟相对而立，皆头生羽冠，尾分三歧。画面左端及上方各有二兽似犬，其下有二人各持一戟刺两人之间的一虎形有翼兽，该兽口衔一犬（？）；其身后另有二兽似犬。蹲坐神怪右面，有一犬咬住其左臂，该犬上下及身后各有二兽似犬。其中居下者咬住上犬左后足，一犬扭身回首，咬住自己的右后足，另二犬与画面右上角一犬共同围攻一长尾有翼龙。画面上、下、左有四层框，从外至内依次为斜线纹、琐纹、垂幨纹、三角形纹。
著录与文献	安丘县文化局、安丘县博物馆：《安丘董家庄汉画像石墓》，济南：济南出版社，1992 年，图版 51，编号 55A；中国画像石全集编辑委员会编《中国画像石全集 1·山东汉画像石》，济南：山东美术出版社，2000 年，第 124 页，图 166；郑岩、姜彦文：《董家庄汉墓》，济南：山东人民出版社，2014 年，第 188 页图版 126，第 189 页图版 127。
收藏单位	安丘市博物馆

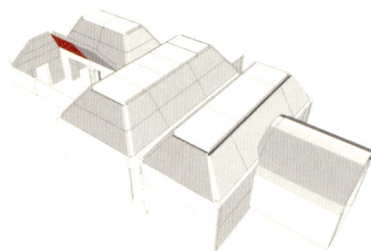

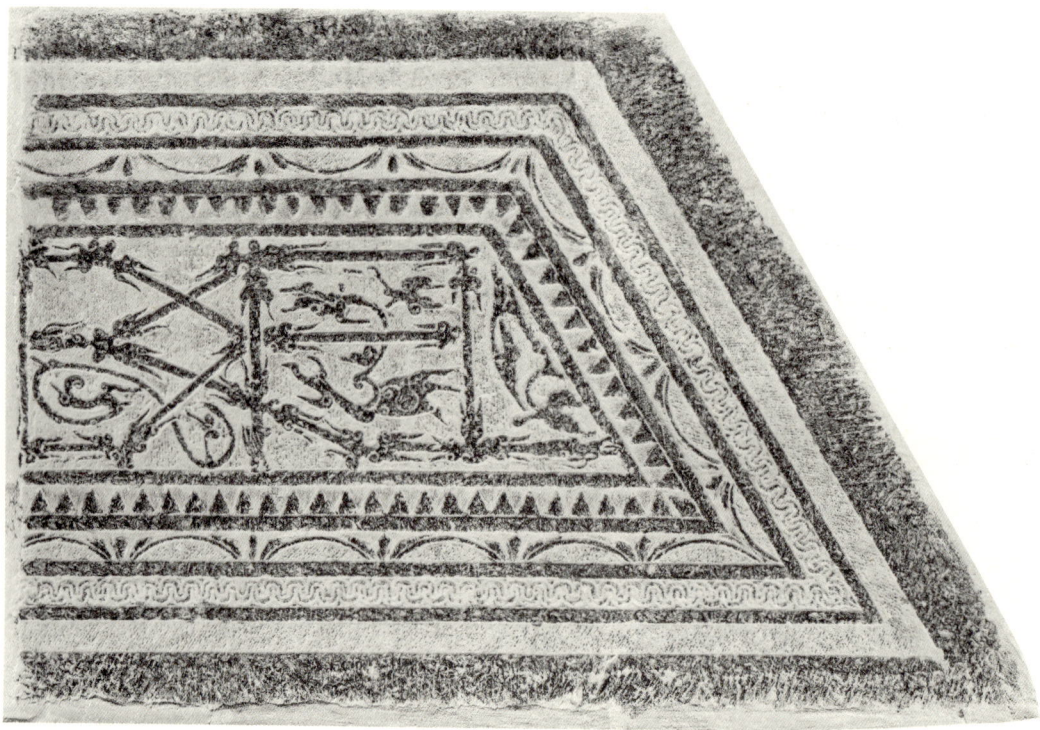

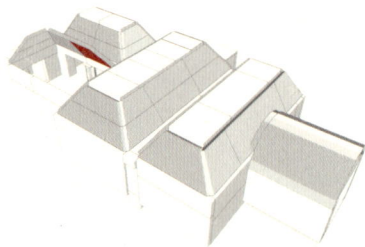

编号	SD-AQ-001-100
原编号	55B
时代	东汉
出土/征集地	山东省安丘市董家庄
出土/征集时间	1959 年
原石尺寸	纵 104，短边 100，长边 158
质地	石灰岩
原石情况	原石呈不规则梯形，左侧为直角边，基本完整。
组合关系	后室西间室顶东坡南石
画面简述	此图为浅浮雕。画面刻直线与曲线组合的云气纹。画面上、下、右有四层框，从外至内依次为斜线纹、琐纹、垂幔纹、三角形纹。
著录与文献	安丘县文化局、安丘县博物馆：《安丘董家庄汉画像石墓》，济南：济南出版社，1992 年，图版 52，编号 55B；中国画像石全集编辑委员会编《中国画像石全集 1·山东汉画像石》，济南：山东美术出版社，2000 年，第 124 页，图 166；郑岩、姜彦文：《董家庄汉墓》，济南：山东人民出版社，2014 年，第 188 页图版 126，第 189 页图版 127。
收藏单位	安丘市博物馆

SD-AQ-001-099 局部

SD-AQ-001-099 局部

编号	SD-AQ-001-101
原编号	56A
时代	东汉
出土/征集地	山东省安丘市董家庄
出土/征集时间	1959 年
原石尺寸	90×88
质地	石灰岩
原石情况	原石呈长方形，基本完整。
组合关系	后室西间封顶石南石
画面简述	此图为浅浮雕。画面中央刻二半人半蛇神（一说伏羲、女娲），皆戴冠，手举起，手中似持物，二神相对，蛇尾交缠。四周填刻云气。二神头部右侧有一翼兽。画面三边有二层框，外为垂幔纹，内为三角形纹。
著录与文献	张学海、蒋英炬、毕宝启：《山东安丘汉画象石墓发掘简报》，《文物》1964 年第 4 期，第 36 页，图 4；安丘县文化局、安丘县博物馆：《安丘董家庄汉画像石墓》，济南：济南出版社，1992 年，图版 53，编号 56；曾蓝莹：《作坊、格套与地域子传统：从山东安丘董家庄汉墓的制作痕迹谈起》，《美术史研究集刊》2000 年第 8 期，台北：台湾大学艺术史研究所，第 75 页，图 32；中国画像石全集编辑委员会编《中国画像石全集 1·山东汉画像石》，济南：山东美术出版社，2000 年，第 126 页，图 170；郑岩、姜彦文：《董家庄汉墓》，济南：山东人民出版社，2014 年，第 191 页图版 129，第 192 页图版 130。
收藏单位	安丘市博物馆

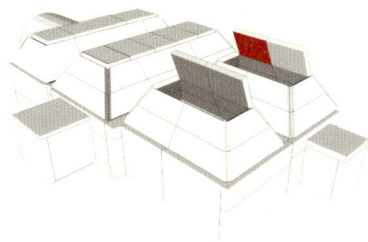

编号	SD-AQ-001-102
原编号	56B
时代	东汉
出土/征集地	山东省安丘市董家庄
出土/征集时间	1959 年
原石尺寸	88×150
质地	石灰岩
原石情况	原石呈长方形，左下角及右下角残缺。
组合关系	后室西间封顶石北石
画面简述	此图为浅浮雕。画面一侧刻二龙缠绕，龙身扭成"8"字形，各衔其尾，两侧为云气纹。另一侧刻八瓣柿蒂纹。画面三边各有二层框，外为垂幔纹，内为三角形纹。
著录与文献	安丘县文化局、安丘县博物馆：《安丘董家庄汉画像石墓》，济南：济南出版社，1992 年，图版53，编号56；曾蓝莹：《作坊、格套与地域子传统：从山东安丘董家庄汉墓的制作痕迹谈起》，《美术史研究集刊》2000年第8期，台北：台湾大学艺术史研究所，第75页，图32；中国画像石全集编辑委员会编《中国画像石全集1·山东汉画像石》，济南：山东美术出版社，2000年，第126页，图170；郑岩、姜彦文：《董家庄汉墓》，济南：山东人民出版社，2014年，第191页图版129，第192页图版130。
收藏单位	安丘市博物馆

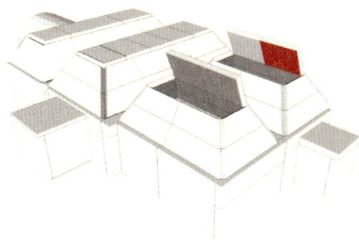

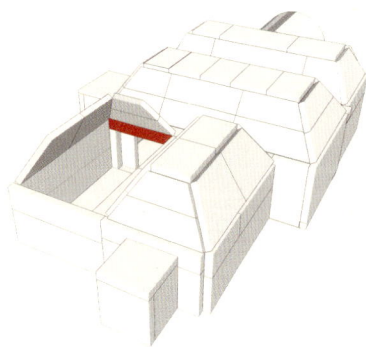

编号	SD-AQ-001-103
原编号	58
时代	东汉
出土/征集地	山东省安丘市董家庄
出土/征集时间	1959 年
原石尺寸	48×208
质地	石灰岩
原石情况	原石呈长方形，中间断裂。
组合关系	后室东间南壁横梁
画面简述	此图为浅浮雕。画面上部刻卷云纹，部分云头化为鸟首。画面上、下有框，其中下边为四层框，从下至上依次为三角形纹、垂幔纹、云气纹、斜线纹。
著录与文献	安丘县文化局、安丘县博物馆：《安丘董家庄汉画像石墓》，济南：济南出版社，1992 年，图版 68，编号 58；郑岩、姜彦文：《董家庄汉墓》，济南：山东人民出版社，2014 年，第 195 页图版 133，第 196 页图版 134。
收藏单位	安丘市博物馆

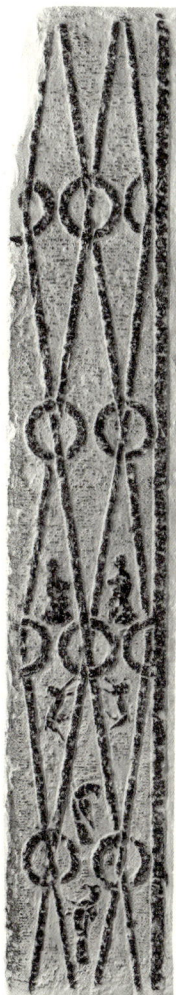

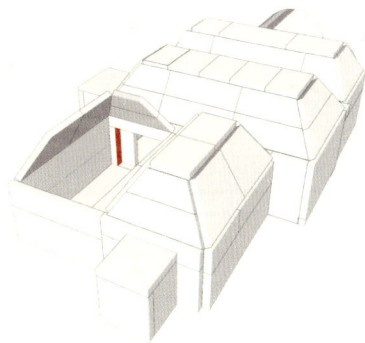

编号	SD-AQ-001-104
原编号	57
时代	东汉
出土/征集地	山东省安丘市董家庄
出土/征集时间	1959 年
原石尺寸	120×22
质地	石灰岩
原石情况	原石呈长方形，基本完整。
组合关系	后室东间南壁东端方柱西面
画面简述	此图为浅浮雕。画面刻菱形穿璧纹，下部的两个菱形格里各填刻一人物、一猿；其下的一个菱形格里填刻二鸟。画面右边有框。
著录与文献	安丘县文化局、安丘县博物馆：《安丘董家庄汉画像石墓》，济南：济南出版社，1992 年，图版 67，编号 57；郑岩、姜彦文：《董家庄汉墓》，济南：山东人民出版社，2014 年，第 193 页图版 131，第 194 页图版 132。
收藏单位	安丘市博物馆

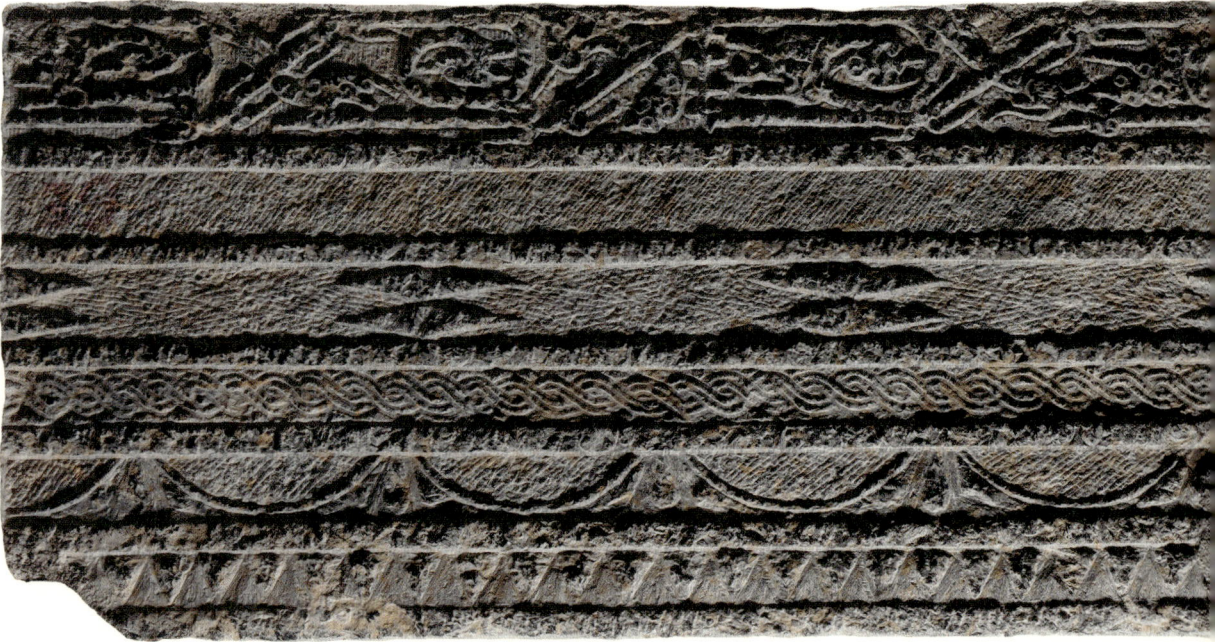

编号	SD-AQ-001-105
原编号	59A
时代	东汉
出土/征集地	山东省安丘市董家庄
出土/征集时间	1959 年
原石尺寸	45×178×44
质地	石灰岩
原石情况	原石呈长方形，中间断裂，右侧残缺。
组合关系	后室过梁东面南段
画面简述	此图为浅浮雕。画面上部刻直线与曲线组合的云气纹。画面左、下有框，其中下边为五层框，从下至上依次为三角形纹、垂幔纹、绳纹、双菱形纹、斜线纹。
著录与文献	
收藏单位	安丘市博物馆

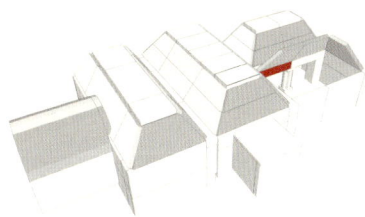

编号	SD-AQ-001-106
原编号	59B
时代	东汉
出土/征集地	山东省安丘市董家庄
出土/征集时间	1959 年
原石尺寸	45×177×44
质地	石灰岩
原石情况	原石呈长方形,基本完整。
组合关系	后室过梁东面北段
画面简述	此图为浅浮雕。画面上部刻云气纹。画面右、下有框,其中下边为五层框,从下至上依次为三角形纹、垂幔纹、绳纹、菱形套连纹、斜线纹。
著录与文献	安丘县文化局、安丘县博物馆:《安丘董家庄汉画像石墓》,济南:济南出版社,1992 年,图版66,编号 59B。
收藏单位	安丘市博物馆

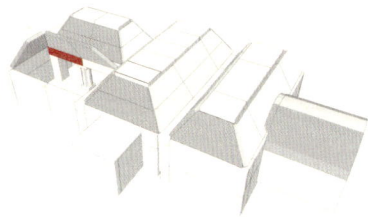

编号	SD-AQ-001-107
原编号	60A
时代	东汉
出土/征集地	山东省安丘市董家庄
出土/征集时间	1959 年
原石尺寸	84×208
质地	石灰岩
原石情况	原石呈长方形，中间断裂。
组合关系	后室东间北壁上层石

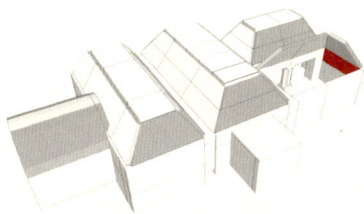

画面简述 此图为浅浮雕。画面分为上下两格。上格左端为一虎，肩生双翼，朝左而立，呈奔跑状。其右有二凤鸟展翅相对而立，皆头生羽冠，尾分三歧。二鸟之间有一小兽，肩生翼。右端为一有翼虎形怪兽（一说为辟邪），头生一角，朝左而立。其身前有一羽人，左手抬至虎形怪兽面前。羽人左下方有一小兽，头上亦有一角。下格为云气纹，部分云头化为鸟首。画面左、右、上三边有框，左边为五层框，从外至内依次为斜线纹、双菱形纹、琐纹、垂幔纹、三角形纹。上、右边为六层框，最外层刻走兽。上框从左至右，第一为一兽的后半身；第二为一虎，肩生翼；第三为一虎，肩生翼，回首向左；第五兽咬住第四兽的尾巴；第六兽扭身回首朝左，咬住第五兽的尾巴；第七兽背部拱起，咬住第六兽的腹部；第八兽扭身回首，咬住自己的左后足；第九兽躺倒在地；第十兽咬住第九兽的腹部；第十一兽咬住第十兽的尾巴。右框从上至下，第一兽咬住上框最右一兽的左后足；第二兽咬住第一兽的左后足；第三兽咬住第二兽的右后足；可见第四兽上半身，下半身在 SD-AQ-001-108 一石上。其余五层框从外至内依次为斜线纹、双菱形纹、琐纹、垂幔纹、三角形纹。

著录与文献 安丘县文化局、安丘县博物馆：《安丘董家庄汉画像石墓》，济南：济南出版社，1992 年，图版 54，编号 60；曾蓝莹：《作坊、格套与地域子传统：从山东安丘董家庄汉墓的制作痕迹谈起》，《美术史研究集刊》2000 年第 8 期，台北：台湾大学艺术史研究所，第 74 页，图 29；中国画像石全集编辑委员会编《中国画像石全集 1·山东汉画像石》，济南：山东美术出版社，2000 年，第 116 页，图 155；董良敏：《"神人操蛇"汉画像石考释》，载中国汉画学会、河南博物院编《中国汉画学会第十三届年会论文集》，郑州：中州古籍出版社，2011 年，第 291 页，图一 a；朱存明、董良敏：《肖形印"神人操蛇"图像的产生及演变》，《中国美术研究》2012 年第 Z1 期，第 42 页，图 28；郑岩、姜彦文：《董家庄汉墓》，济南：山东人民出版社，2014 年，第 197 页图版 135，第 198 页图版 136；王芳超：《汉画像石边框界格的艺术语言》，硕士学位论文，西安美术学院，2016 年，第 36 页图 2-39，第 42 页图 2-51；邹越：《汉画像石所见禳除旱灾题材的考古学研究》，硕士学位论文，天津师范大学，2017 年，第 39 页，图 18；王磊：《淮泗画像石——东汉墓葬的视觉营造与历史主体》，博士学位论文，中央美术学院，2017 年，第 56 页，图 38。

收藏单位 安丘市博物馆

编号	SD-AQ-001-108
原编号	60B
时代	东汉
出土/征集地	山东省安丘市董家庄
出土/征集时间	1959 年
原石尺寸	72×208
质地	石灰岩
原石情况	原石呈长方形，中间断裂。
组合关系	后室东间北壁下层石
画面简述	此图为浅浮雕。画面左侧刻一凤鸟收翅而立，头生羽冠，尾分六歧，六只小鸟立于其周围：其左二只，身下一只，尾后一只，肩上一只，右后方一只。上方有三只飞鸟。飞鸟之右为一虎，将一小兽扑于爪下。凤鸟身后有一羽人，抬臂，迈大步。中部刻一人正面蹲踞，面朝左，双腿分开，口中衔一长物，双手亦持握此长物（一说为土伯食蛇）。其下方有一鱼。右侧刻一山，山顶立一小兽，山右一人张弓搭箭欲射。山左有一阔口尖齿的虎首人身神怪，手中持抱一人，长发披散，身着长裙，应为女子（一说为虎食女魃）。画面左、右、下有框，左边为五层框，从外至内依次为斜线纹、双菱形纹、琐纹、垂幔纹、三角形纹。右、下边为六层框，最外层刻走兽。下框从左至右，第一兽露出头部；第二兽背部拱起，张口欲咬第三兽的右后足；第三兽咬住第四兽的右后足；第四兽咬住第五兽的胸部；第六兽扭身回首至腹下，其右似为一人大步向左而行，不见头部，其身后有一兽；第八兽扭身回首，咬住第九兽的尾巴；第九兽咬住第十兽的背部；第十兽背部拱起，蹲坐于地，咬住第十一兽的左后足；本应为第十一兽前足的地方，刻的是一兽的后足和尾部，似为误刻（？）；第十二兽咬住第十三兽的尾巴；第十三兽扭身回首；第十四兽残。右框从上至下有三兽。其余五层框从外至内依次为斜线纹、双菱形纹、琐纹、垂幔纹、三角形纹。
著录与文献	安丘县文化局、安丘县博物馆：《安丘董家庄汉画像石墓》，济南：济南出版社，1992 年，图版 54，编号 60；中国画像石全集编辑委员会编《中国画像石全集 1·山东汉画像石》，济南：山东美术出版社，2000 年，第 116 页，图 155；董良敏：《"神人操蛇"汉画像石考释》，载中国汉画学会、河南博物院编《中国汉画学会第十三届年会论文集》，郑州：中州古籍出版社，2011 年，第 291 页，图一 a；朱存明、董良敏：《肖形印"神人操蛇"图像的产生及演变》，《中国美术研究》2012 年第 Z1 期，第 42 页，图 28；郑岩、姜彦文：《董家庄汉墓》，济南：山东人民出版社，2014 年，第 197 页图版 135，第 198 页图版 136；王芳超：《汉画像石边框界格的艺术语言》，硕士学位论文，西安美术学院，2016 年，第 36 页图 2-39，第 42 页图 2-51；邹越：《汉画像石所见禳除旱灾题材的考古学研究》，硕士学位论文，天津师范大学，2017 年，第 39 页，图 18；王磊：《淮泗画像石——东汉墓葬的视觉营造与历史主体》，博士学位论文，中央美术学院，2017 年，第 56 页，图 38。
收藏单位	安丘市博物馆

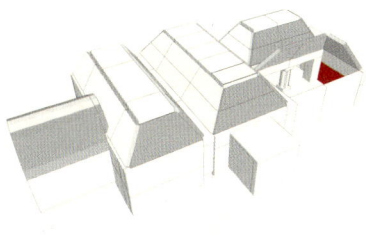

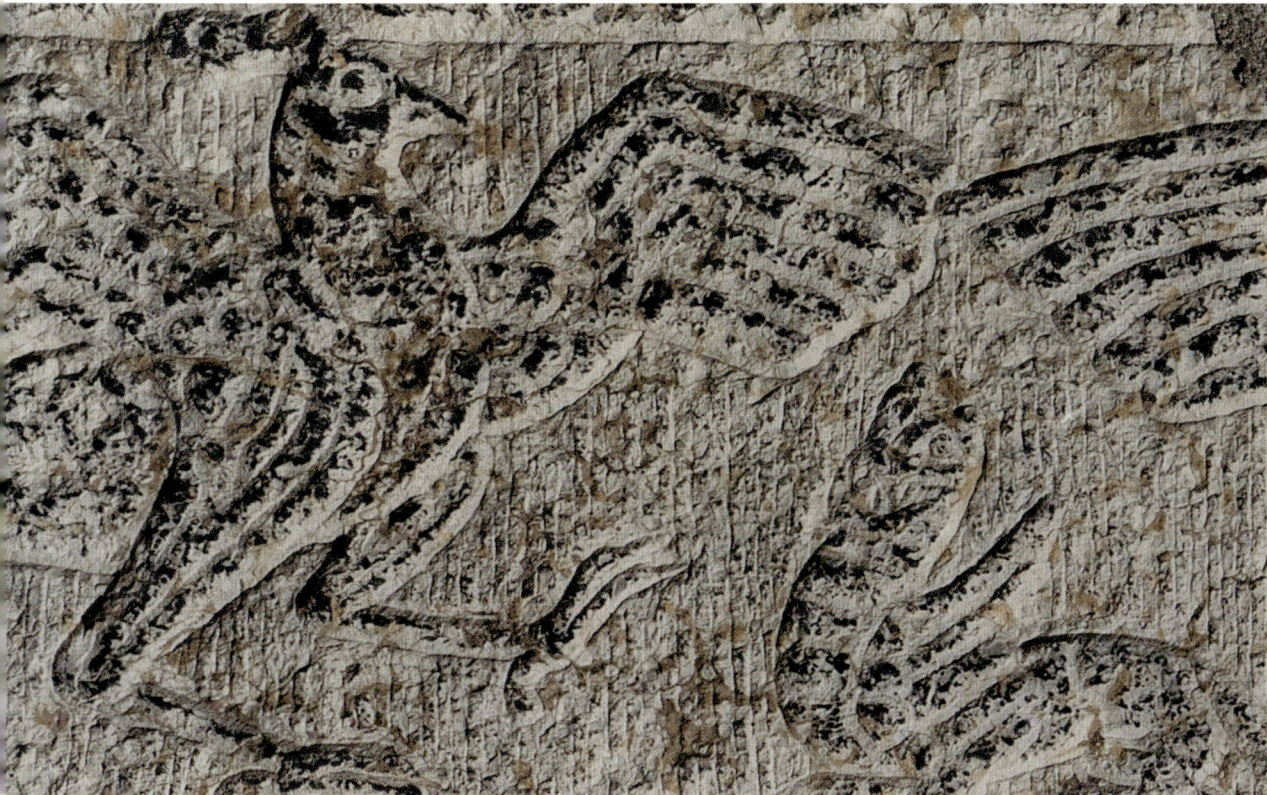

SD-AQ-001-107 局部

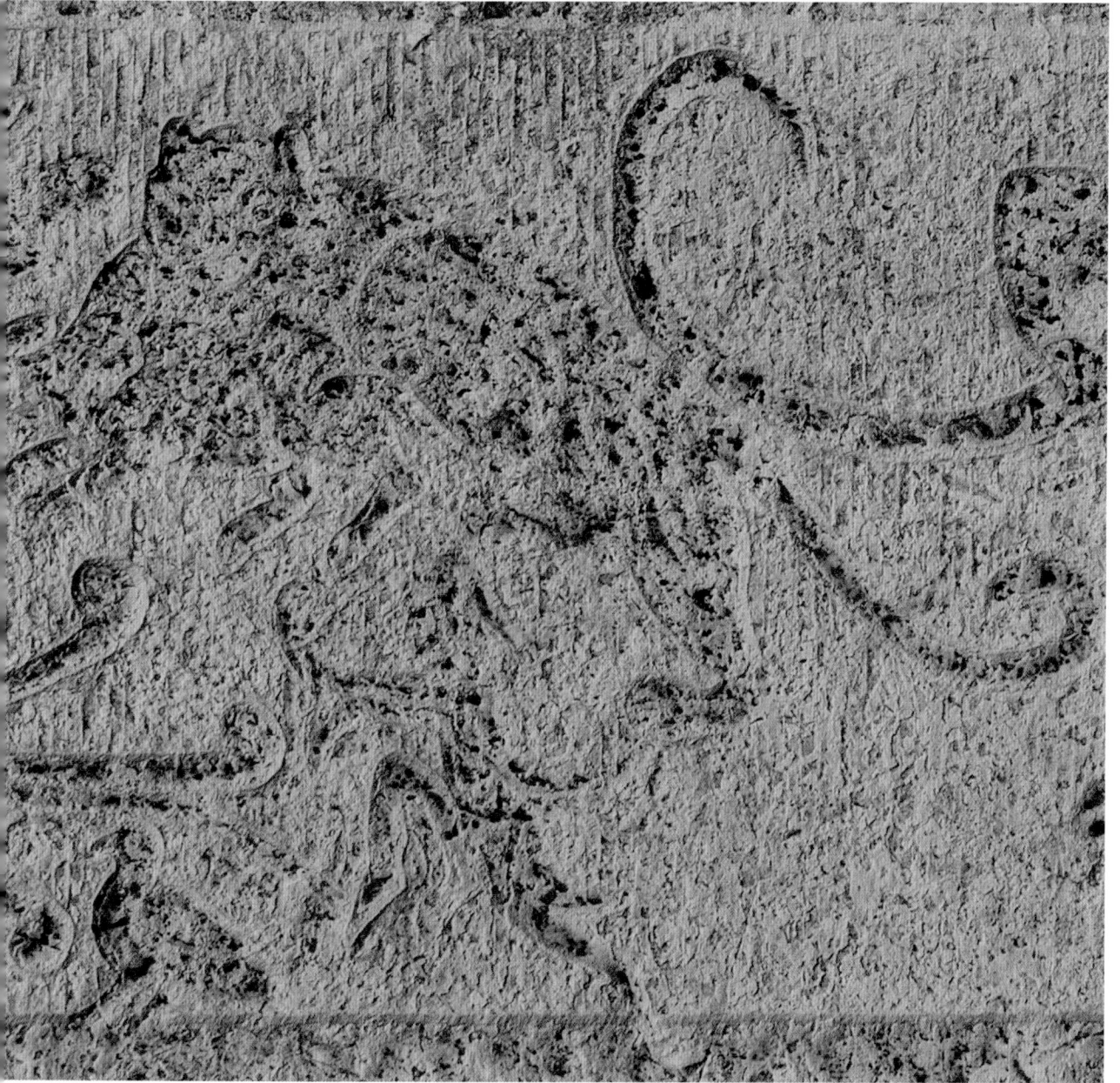

SD-AQ-001-108 局部

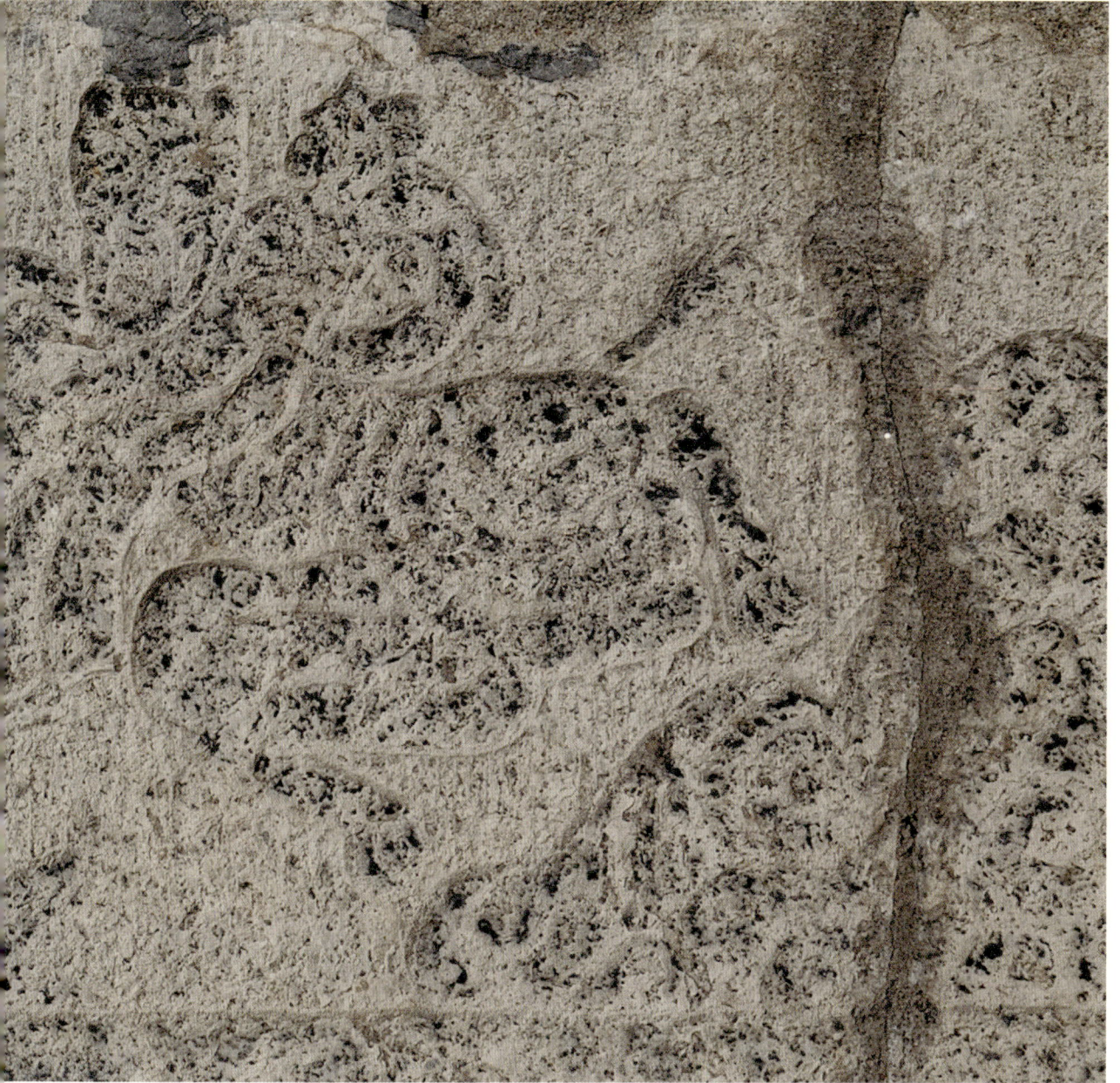

SD-AQ-001-108 局部

编号	SD-AQ-001-109
原编号	61A
时代	东汉
出土/征集地	山东省安丘市董家庄
出土/征集时间	1959 年
原石尺寸	75×358
质地	石灰岩
原石情况	原石呈长方形，中间断裂。
组合关系	后室东间东壁上层石

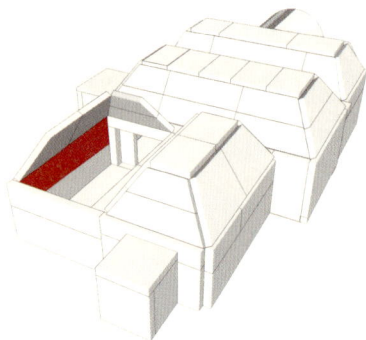

画面简述	此图为浅浮雕。画面分上下两格。上格从左至右，左端为二凤鸟收翅相对而立，头生羽冠，尾分三歧。其右有五虎形怪兽，皆向左行，肩生双翼，张口露齿，其中左一（一说为辟邪）头生一角，尾分多歧，左二（一说为天禄）头生双角。再右为一羊首怪兽，头生弯角，肩生双翼，四爪足，长尾。怪兽之右为一龟，头颈前伸。龟之右为一蟾蜍，跨步前行后足坐地，口大张。蟾蜍之右为一虎，肩生翼，尾分多歧。虎之右为一蟾蜍，后足跨步而站立，口大张。蟾蜍之右为二鱼。鱼之右为一龙，头生独角，肩生翼。龙之右为一鱼。下格填刻云气纹。画面上、右有框，下边为一层框，内有卷云纹。上、右为六层框。上框最外层刻鸟兽，从左至右，前三为三兽，第二兽下方有一鸟首自下方探出头，第三兽扭身回首，咬住自己的左前足；其右为卷云纹；卷云纹之右为一兽与一鸟相对，兽的前足抬起，作前扑状，鸟尾化生云气，鸟之右为一兽与一龙相对而立，龙头生角，肩生翼，张口吐舌；龙之右为一凤鸟展翅而立，尾分三歧；凤鸟之右为一羊首虎身怪兽，肩生翼；怪兽之右为一兽，回首左望；兽之右为一玄武，其蛇尾的上下方各有一鸟首探出头；玄武之右为一兽，呈翻腾状；兽之右为一鸟收翅而立。右框最外层为卷云纹。其余五层框从外至内依次为斜线纹、双菱形纹、琐纹、垂幔纹、三角形纹。
著录与文献	山东省博物馆、山东省文物考古研究所编《山东汉画像石选集》，济南：齐鲁书社，1982年，图版二二五，图536；安丘县文化局、安丘县博物馆：《安丘董家庄汉画像石墓》，济南：济南出版社，1992年，图版55，编号61；中国画像石全集编辑委员会编《中国画像石全集1·山东汉画像石》，济南：山东美术出版社，2000年，第114页，图154；郑岩、姜彦文：《董家庄汉墓》，济南：山东人民出版社，2014年，第201页，图版139。
收藏单位	安丘市博物馆

SD-AQ-001-109 局部

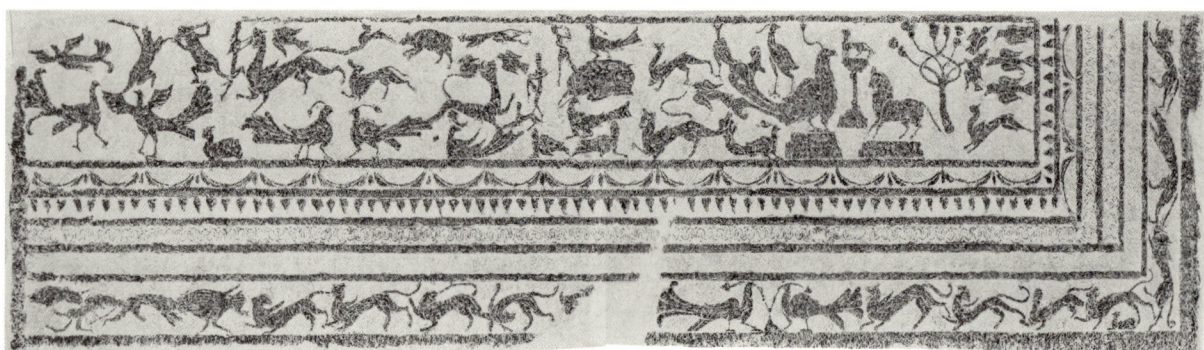

编号	SD-AQ-001-110
原编号	61B
时代	东汉
出土/征集地	山东省安丘市董家庄
出土/征集时间	1959 年
原石尺寸	87×358
质地	石灰岩
原石情况	原石呈长方形，中间断裂。
组合关系	后室东间东壁下层石
画面简述	此图为浅浮雕。画面左端刻二凤鸟相对而立，居左者收翅，居右者展翅，皆长尾展开。其左上

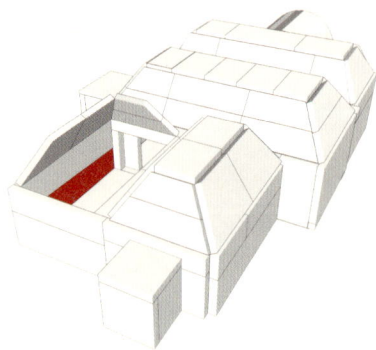

有一凤鸟展翅飞翔，右上有二蟾蜍（？）持兵器搏斗。凤鸟之右有一卧鸟，头生羽冠。此鸟之右
为二凤鸟收翅相对而立，皆头生羽冠，长尾展开。凤鸟上方有一羽人戏一虎，虎肩生翼。虎上
方有一飞鸟。虎之右有二兽。二兽之右有一兽似牛，身体粗壮，头生角。牛之右有一兽似犬。
兽下方有一虎，虎首两侧各有一飞鸟。虎下方为一凤鸟卧地，尾分三歧。虎之右有二羽人，居
左者脚下趴着一小兽似犬，居右者一脚踩在一卧鹿背上。一凤鸟亦收翅立于卧鹿背上，头生羽
冠，尾分三歧。卧鹿之右有一兽，肩生翼。卧鹿下方有一凤鸟收翅趴伏于地，头生羽冠，其下
方有二鸟相背而行。鸟之右为一虎，肩生翼，虎口大张。再右为一凤鸟、一马相对，各立于一
高台之上，凤鸟收翅，头生羽冠，尾分四歧。其尾后有一飞鸟，上方、左上方、下方各立一凤
鸟，皆头生羽冠。凤鸟与马之间有一柱，柱身较细，柱顶立一小兽。最右端刻一树，树下有一
兽。树右有二飞鸟。三鸟立于右边框上。画面四周有框，其中下边为五层框，右边为六层框，
右、下最外层刻鸟兽。下框从左至右，最左端为一鱼，其右一兽漫漶不清；再右为一狐（？），
狐之右有一兽形象不明似象（？）；象之右有五兽，前二兽肩生翼，其右一兽只见头部；再右为
二凤鸟收翅相对而立，皆头生羽冠，尾分四歧；二鸟之间有一物似瓶，其中插二枝连珠，凤鸟
似食连珠；凤鸟之右为四兽，皆肩生翼，最右一兽下方有一小兽趴伏。下边其余四层框从外至
内依次为斜线纹、琐纹、三角形纹、垂幔纹。右框从上至下有三兽，其余五层框从外至内依次
为斜线纹、菱形套连纹（？）、琐纹、垂幔纹、三角形纹。

著录与文献	安丘县文化局、安丘县博物馆：《安丘董家庄汉画像石墓》，济南：济南出版社，1992年，图版55，编号61；曾蓝莹：《作坊、格套与地域子传统：从山东安丘董家庄汉墓的制作痕迹谈起》，《美术史研究集刊》2000年第8期，台北：台湾大学艺术史研究所，第71页，图21；中国画像石全集编辑委员会编《中国画像石全集1·山东汉画像石》，济南：山东美术出版社，2000年，第114页，图154；郑岩、姜彦文：《董家庄汉墓》，济南：山东人民出版社，2014年，第201页，图版139。
收藏单位	安丘市博物馆

SD-AQ-001-110 局部

SD-AQ-001-110 局部

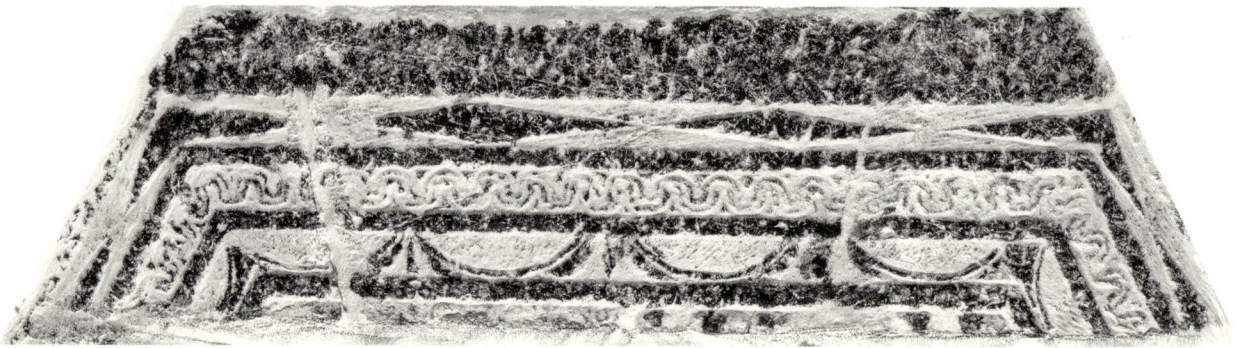

编号	SD-AQ-001-111
原编号	62A
时代	东汉
出土/征集地	山东省安丘市董家庄
出土/征集时间	1959 年
原石尺寸	纵 33，上横 102，下横 123
质地	石灰岩
原石情况	原石呈梯形，断为左、中、右三块。
组合关系	后室东间室顶南坡上层石
画面简述	此图为浅浮雕。画面整体近似等腰梯形，左、右、上有三层框，从外至内依次为菱形纹、琐纹、垂幔纹。
著录与文献	安丘县文化局、安丘县博物馆：《安丘董家庄汉画像石墓》，济南：济南出版社，1992 年，图版 58，编号 62；中国画像石全集编辑委员会编《中国画像石全集 1·山东汉画像石》，济南：山东美术出版社，2000 年，第 119 页，图 158；郑岩、姜彦文：《董家庄汉墓》，济南：山东人民出版社，2014 年，第 204 页图版 142，第 205 页图版 143。
收藏单位	安丘市博物馆

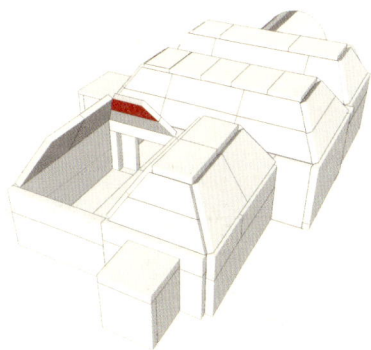

编号	SD-AQ-001-112
原编号	62B
时代	东汉
出土/征集地	山东省安丘市董家庄
出土/征集时间	1959 年
原石尺寸	纵 66，上横 123，下横 206
质地	石灰岩
原石情况	原石呈梯形，基本完整。
组合关系	后室东间室顶南坡下层石
画面简述	此图为浅浮雕。画面最左端刻一武士，身着及膝袍服，右手持剑（或环首刀），左手持短戟，口大张，跨步朝右。其右有一卧鹿，头生双角，身有花纹。鹿之右为一武士，身着中袖及膝袍服，双手握一 T 形器具（锤？），跨步向左。右端为一武士，头梳高髻，身着及膝袍服，左手按剑（或环首刀），右手衣角挽起，向左奔行。画面左、右、下有五层框，从外至内依次为斜线纹、双菱形纹、琐纹、垂幔纹、三角形纹。
著录与文献	安丘县文化局、安丘县博物馆：《安丘董家庄汉画像石墓》，济南：济南出版社，1992 年，图版 58，编号 62；中国画像石全集编辑委员会编《中国画像石全集 1·山东汉画像石》，济南：山东美术出版社，2000 年，第 119 页，图 158；郑岩、姜彦文：《董家庄汉墓》，济南：山东人民出版社，2014 年，第 204 页图版 142，第 205 页图版 143。
收藏单位	安丘市博物馆

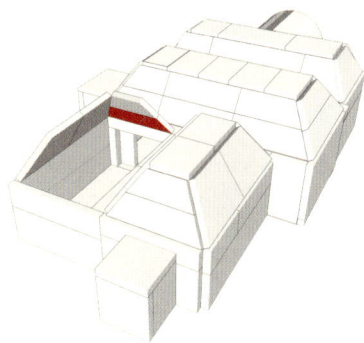

SD-AQ-001-112 局部

SD-AQ-001-112 局部

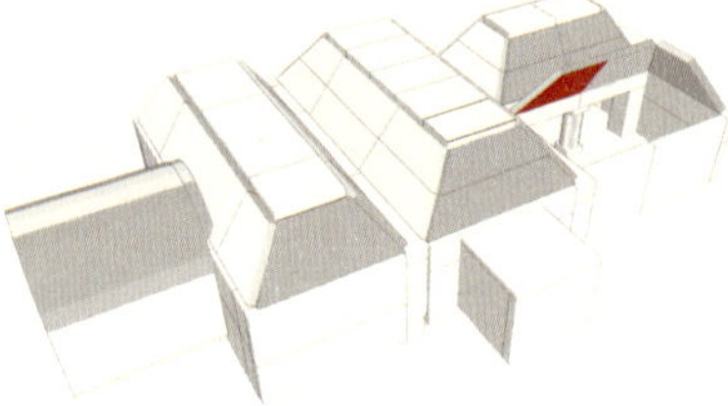

编号	SD-AQ-001-113
原编号	63A
时代	东汉
出土/征集地	山东省安丘市董家庄
出土/征集时间	1959 年
原石尺寸	纵 106，上横 117，下横 179
质地	石灰岩
原石情况	原石呈不规则梯形，右侧为直角边，左侧断裂。
组合关系	后室东间室顶西坡南石
画面简述	此图为浅浮雕。画面左侧刻二凤鸟相对而立，皆头生羽冠；居左者收翅，尾分四歧；居右者展翅，尾分三歧。居左者左上有一飞鸟。凤鸟下方为二鱼。右侧刻六兽，皆肩生翼，其中右端一兽扭身回首，自啮其尾。右上角有一飞鸟。画面上、下、左有五层框，从外至内依次为斜线纹、云气纹、琐纹、垂幔纹、三角形纹。
著录与文献	张学海、蒋英炬、毕宝启：《山东安丘汉画象石墓发掘简报》，《文物》1964年第4期，第36页，图8；山东省博物馆、山东省文物考古研究所编《山东汉画像石选集》，济南：齐鲁书社，1982年，图版二二五，图535；安丘县文化局、安丘县博物馆：《安丘董家庄汉画像石墓》，济南：济南出版社，1992年，图版59，编号63A；中国画像石全集编辑委员会编《中国画像石全集1·山东汉画像石》，济南：山东美术出版社，2000年，第117页，图157；郑岩、姜彦文：《董家庄汉墓》，济南：山东人民出版社，2014年，第207页图版145，第208页图版146；邹越：《汉画像石所见禳除旱灾题材的考古学研究》，硕士学位论文，天津师范大学，2017年，第46页，图23。
收藏单位	安丘市博物馆

编号	SD-AQ-001-114
原编号	63B
时代	东汉
出土/征集地	山东省安丘市董家庄
出土/征集时间	1959 年
原石尺寸	纵 106，上横 117，下横 179
质地	石灰岩
原石情况	原石呈不规则梯形，左侧为直角边，基本完整。
组合关系	后室东间室顶西坡北石
画面简述	此图为浅浮雕。画面刻神仙出行（一说雷公出行），均从右向左行进。最左端为二羽人骑虎，二虎皆肩生翼。其后为一云车，三龙拉车，龙皆头生独角，肩生翼，张口吐舌。云车生翼，下有云气。车上竖三面建鼓，羽葆飘扬。车上坐二人，皆手扶一鼓柄。车后有六兽跟从，兽皆肩生翼，其中三兽各驮一人，后二人手持芝草（？）。画面上、下、右有五层框，从外至内依次为斜线纹、双菱形纹、琐纹、垂幔纹、三角形纹。
著录与文献	张学海、蒋英炬、毕宝启：《山东安丘汉画象石墓发掘简报》，《文物》1964 年第 4 期，第 36 页，图 8；山东省博物馆、山东省文物考古研究所编《山东汉画像石选集》，济南：齐鲁书社，1982 年，图版二二五，图 535；安丘县文化局、安丘县博物馆：《安丘董家庄汉画像石墓》，济南：济南出版社，1992 年，图版 60，编号 63B；中国画像石全集编辑委员会编《中国画像石全集 1·山东汉画像石》，济南：山东美术出版社，2000 年，第 117 页，图 157；吴晓燕：《汉代民间自然神灵信仰研究——以汉碑为中心的考察》，硕士学位论文，陕西师范大学，2013 年，第 39 页，图 36；郑岩、姜彦文：《董家庄汉墓》，济南：山东人民出版社，2014 年，第 207 页图版 145，第 208 页图版 146；邹越：《汉画像石所见禳除旱灾题材的考古学研究》，硕士学位论文，天津师范大学，2017 年，第 46 页，图 23。
收藏单位	安丘市博物馆

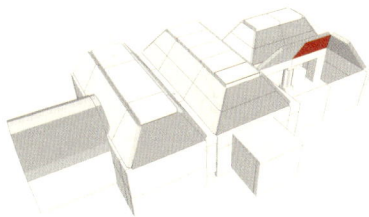

SD-AQ-001-113 局部

SD-AQ-001-114 局部

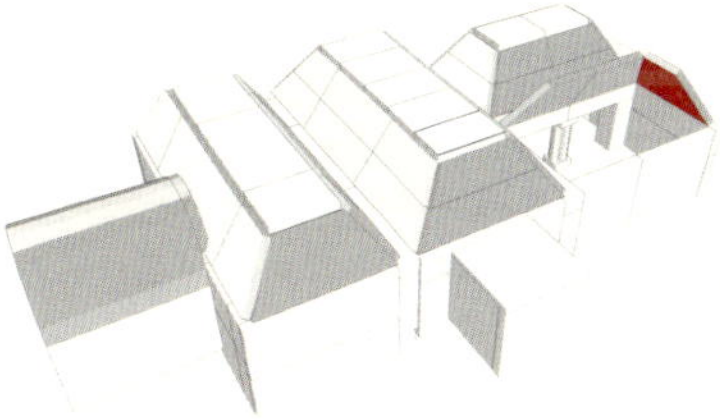

编号	SD-AQ-001-115
原编号	64
时代	东汉
出土/征集地	山东省安丘市董家庄
出土/征集时间	1959 年
原石尺寸	纵 102，上横 84，下横 195
质地	石灰岩
原石情况	原石呈梯形，上部断裂。
组合关系	后室东间室顶北坡
画面简述	此图为浅浮雕。画面刻二凤鸟展翅对舞，皆尾分二歧，居右者头生羽冠。画面四周有五层框，从外至内依次为三角形纹、垂幔纹、双层折线纹、云气纹、斜线纹。
著录与文献	安丘县文化局、安丘县博物馆：《安丘董家庄汉画像石墓》，济南：济南出版社，1992年，图版61，编号64；郑岩、姜彦文：《董家庄汉墓》，济南：山东人民出版社，2014年，第210页图版148，第211页图版149。
收藏单位	安丘市博物馆

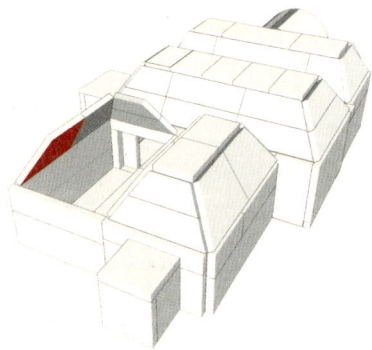

编号	SD-AQ-001-116
原编号	65A
时代	东汉
出土/征集地	山东省安丘市董家庄
出土/征集时间	1959 年
原石尺寸	纵 106，上横 100，下横 150
质地	石灰岩
原石情况	原石呈不规则梯形，右侧为直角边，右上角残缺。
组合关系	后室东间室顶东坡北石
画面简述	此图为浅浮雕。画面左端上刻一长颈兽，下刻一龙，皆肩生翼。其右刻二虎相对而立，皆肩生双翼，虎口大张。二虎上方各有一飞鸟。右下角有云朵。画面上、下、左有五层框，从外至内依次为斜线纹、双菱形纹、琐纹、垂幔纹、三角形纹。
著录与文献	安丘县文化局、安丘县博物馆：《安丘董家庄汉画像石墓》，济南：济南出版社，1992 年，图版 62，编号 65A；中国画像石全集编辑委员会编《中国画像石全集 1·山东汉画像石》，济南：山东美术出版社，2000 年，第 117 页，图 156；郑岩、姜彦文：《董家庄汉墓》，济南：山东人民出版社，2014 年，第 212 页图版 150，第 213 页图版 151。
收藏单位	安丘市博物馆

SD-AQ-001-116 局部

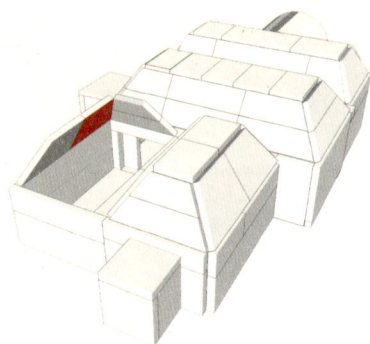

编号	SD-AQ-001-117
原编号	65B
时代	东汉
出土/征集地	山东省安丘市董家庄
出土/征集时间	1959 年
原石尺寸	纵 106，上横 143，下横 206
质地	石灰岩
原石情况	原石呈不规则梯形，左侧为直角边，基本完整。
组合关系	后室东间室顶东坡南石
画面简述	此图为浅浮雕。画面左侧，上部刻二凤鸟收翅相对而立，皆头生羽冠，尾分三歧；下刻一羊首虎身怪兽，肩生翼，尾分多歧，左行；其右一有翼鹿，右向而行，回首左望；下方有云气。画面右侧刻二长尾兽，皆肩生翼，居右者咬住左兽的尾巴；二兽左上方有一凤鸟收翅而立，头生羽冠；右下角刻云气纹。画面上、下、右有五层框，从外至内依次为斜线纹、双菱形纹、琐纹、垂幔纹、三角形纹。
著录与文献	安丘县文化局、安丘县博物馆：《安丘董家庄汉画像石墓》，济南：济南出版社，1992 年，图版 63，编号 65B；中国画像石全集编辑委员会编《中国画像石全集 1·山东汉画像石》，济南：山东美术出版社，2000 年，第 117 页，图 156；郑岩、姜彦文：《董家庄汉墓》，济南：山东人民出版社，2014 年，第 212 页图版 150，第 213 页图版 151；薛栋：《汉画像"翼兽"图像研究》，硕士学位论文，江苏师范大学，2018 年，第 31 页，图 2-17。
收藏单位	安丘市博物馆

SD-AQ-001-118 局部

编号	SD-AQ-001-118
原编号	66A
时代	东汉
出土/征集地	山东省安丘市董家庄
出土/征集时间	1959 年
原石尺寸	87×84
质地	石灰岩
原石情况	原石呈长方形，基本完整。
组合关系	后室东间封顶石北石
画面简述	此图为浅浮雕。画面上部刻三兽，下部刻二卧鹿，鹿皆头生双角。兽与鹿上下相背。画面上、下、左右有四层框，从外至内依次为斜线纹、琐纹、垂幔纹、三角形纹。
著录与文献	安丘县文化局、安丘县博物馆：《安丘董家庄汉画像石墓》，济南：济南出版社，1992 年，图版64，编号66；中国画像石全集编辑委员会编《中国画像石全集1·山东汉画像石》，济南：山东美术出版社，2000 年，第118页，图159；郑岩、姜彦文：《董家庄汉墓》，济南：山东人民出版社，2014 年，第216页图版154，第217页图版155。
收藏单位	安丘市博物馆

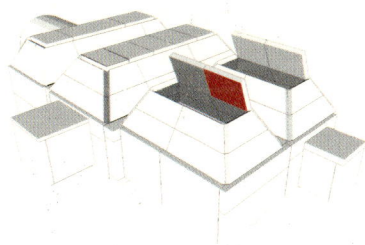

SD-AQ-001-117 局部

SD-AQ-001-117 局部

编号	SD-AQ-001-119
原编号	66B
时代	东汉
出土/征集地	山东省安丘市董家庄
出土/征集时间	1959 年
原石尺寸	84 × 148
质地	石灰岩
原石情况	原石呈长方形，基本完整。
组合关系	后室东间封顶石南石
画面简述	此图为浅浮雕。画面刻直线形云气纹，云端或化为鸟首，或化为兽。画面上、下、左有四层框，从外至内依次为斜线纹、琐纹、垂幔纹、三角形纹。
著录与文献	安丘县文化局、安丘县博物馆：《安丘董家庄汉画像石墓》，济南：济南出版社，1992 年，图版 64，编号 66；中国画像石全集编辑委员会编《中国画像石全集 1·山东汉画像石》，济南：山东美术出版社，2000 年，第 118 页，图 159；郑岩、姜彦文：《董家庄汉墓》，济南：山东人民出版社，2014 年，第 216 页图版 154，第 217 页图版 155。
收藏单位	安丘市博物馆

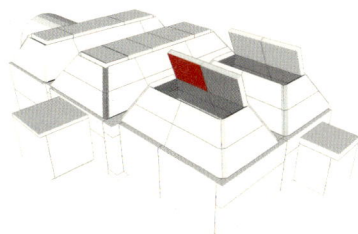

安丘董家庄汉画像石墓研究文献目录

（依人名首字母排序）

曹建国、周杨：《他山之石：海外汉画像研究之启示》，《文化与诗学》2017年第2期，第206-228页

曹玲泉：《安丘汉墓石刻画像》，《中州今古》1988年第2期，第39-40页

陈岩：《汉画"孔子见老子"的资源和制作》，硕士学位论文，中央美术学院，2011年

戴春阳：《敦煌石窟覆斗顶的考古学观察（下）——覆斗顶渊源管窥》，《敦煌研究》2013年第4期，第12-24、127-128页

董良敏：《"神人操蛇"汉画像石考释》，载中国汉画学会、河南博物院编《中国汉画学会第十三届年会论文集》，郑州：中州古籍出版社，2011年，第290-298页

杜蕾：《山东汉画像石乐舞图像研究》，硕士学位论文，中国艺术研究院，2005年

方辉：《说"雷"及雷神》，《南方文物》2010年第2期，第59、67、68-72页

高博：《豫鲁苏皖汉画像石雕刻技法初探》，硕士学位论文，郑州大学，2011年

顾乐红：《汉画像狩猎图研究》，硕士学位论文，江苏师范大学，2013年

郭守靖：《齐鲁武术文化研究》，博士学位论文，上海体育学院，2008年

贺西林：《汉代艺术中的羽人及其象征意义》，《文物》2010年第7期，第46-55、97页

贺西林：《云崖仙使——汉代艺术中的羽人及其象征意义》，《中国美术研究》2012年第1、2合辑，第11-19页

黄剑华：《试论汉代画像墓葬的种类与表现手法》，《华夏考古》2009年第1期，第129-140、152页

黄永飞：《汉代墓葬艺术中的车马出行图像研究》，硕士学位论文，中央美术学院，2009年

季伟：《汉画中形体类百戏的表现形式》，《交响（西安音乐学院学报）》2016年第3期，第47-60页

蒋晨：《东汉黄河中下游汉画像石中的兵器图像研究》，硕士学位论文，南京艺术学院，2015年

孔令峰、夏申吾：《山东汉画中的体育活动》，《体育文化导刊》2010年第12期，第112-116页

黎国韬：《"鱼龙幻化"新考及其戏剧史意义发微》，《文学遗产》2017年第4期，第132-150页

黎旭：《自由观看——汉代画像艺术的空间观》，博士学位论文，中央美术学院，2012年

李福国：《浅谈董家庄汉画像石墓》，《文物鉴定与鉴赏》2016年第6期，第82-84页

李光：《安丘汉画像石墓主人考》，《文史哲》1983年第3期，第86-87页

李江伟：《汉画像石历史地理研究》，硕士学位论文，陕西师范大学，2011年

李锦山：《山东安丘汉墓"裸戏"画像考》，《文博》2002年第4期，第57-61页

李黎阳：《试论山东安丘汉墓人像柱艺术》，《中原文物》1991年第3期，第85、86-88页

李松：《由考古发现引出的美术史上几个问题的思考》，《美术》1986年第1期，第52-58页

李学训：《山东昌乐、安丘两座汉画像石墓立柱图像考》，载中国汉画学会编《中国汉画学会年会第七届年会论文选》（未出版），2000年，第94-98页

李亚利：《汉代画像中的建筑图像研究》，博士学位论文，吉林大学，2015年

李亚利、滕铭予：《汉画像中桥梁图像的象征意义研究》，《华夏考古》2015年第1期，第105-116、136页

刘冠军：《"泗水升鼎"说鼎 话九鼎》，载中国汉画学会、南阳师范学院汉文化研究中心编《汉画研究：中国汉画学会第十届年会论文集》，武汉：湖北人民出版社，2006年，第123-124页

刘冠军：《安丘董家庄汉画像石墓的艺术特色》，《超然台》2004年第3期

刘冠军：《安丘董家庄汉画像石墓发掘始末》，《春秋》2018年第2期，第54-56页

刘冠军：《安丘董家庄汉画像石墓主人之谜》，《大众

考古》2014年第2期，第59-61页

刘婕：《山东沂南北寨汉画像石墓个案研究——汉代礼仪美术实践之考察》，硕士学位论文，中央美术学院，2005年

刘朴：《山东汉画像石体操活动考略》，《山东体育科技》2003年第2期，第81-87页

罗文荟：《屈辞楚俗研究》，博士学位论文，中央民族大学，2013年

潘珍珍：《浅谈安丘画像石的艺术特色》，《科技创新导报》2010年第15期，第245页

曲怡桦：《鲁南及徐州地区汉画像石的音乐考古研究》，硕士学位论文，中国艺术研究院，2005年

宋蓉：《汉代郡国分制的考古学观察——以关东地区汉代墓葬为中心》，博士学位论文，吉林大学，2009年

孙堃：《山东地区卧鹿画像石考》，《美术教育研究》2014年第1期，第56-58页

唐建：《汉画文化意蕴及艺术表现研究》，博士学位论文，山东大学，2015年

唐宇：《汉代六博图像研究——以墓葬材料为中心》，硕士学位论文，中央美术学院，2013年

汪小洋：《汉画像石宗教思想研究》，博士学位论文，南京艺术学院，2004年

王芳超：《汉画像石边框界格的艺术语言》，硕士学位论文，西安美术学院，2016年

王凤娟：《汉画像石与齐鲁风俗》，硕士学位论文，山东师范大学，2005年

王磊：《淮泗画像石——东汉墓葬的视觉营造与历史主体》，博士学位论文，中央美术学院，2017年

王同海、李晓娟、付万刚：《董家庄汉墓》，济南：黄河出版社，2015年

王伟：《汉晋六朝神道柱与外来文化研究》，《艺术研究》2009年第1期，第9-12页

王晓日：《河洛地区汉代四神图像研究》，硕士学位论文，东北师范大学，2010年

王秀德：《安丘汉画像石墓与安丘一带的古文化概貌》，《中华舞史研究——东方人体文化》1991年第4期，第57、62-63页

王秀德：《从安丘汉墓画像看古代东方人体文化》，《中华舞史研究——东方人体文化》1991年第3期

吴枞：《孔子弟子手中的简册》，《文化学刊》2016年第11期，第235-237页

吴佳佳：《山东汉画像石装饰风格在现代环境设计中的传承与创新研究》，硕士学位论文，山东建筑大学，2012年

吴晓燕：《汉代民间自然神灵信仰研究——以汉碑为中心的考察》，硕士学位论文，陕西师范大学，2013年

武利华：《汉画像石"秘戏图"研究》，载朱青生主编《中国汉画学会第九届年会论文集》（上），北京：中国社会出版社，2004年，第197-212页

肖冬：《汉画像石中的九头人面兽》，硕士学位论文，中国美术学院，2012年

肖砚凌：《论汉代黄老思想与自然审美意识》，硕士学位论文，四川师范大学，2009年

邢琪、房振、李铭、郭俊峰：《汉画像石墓出土仿木结构石立柱初步研究——兼谈白杨店画像石墓出土立柱位置》，《东方考古》2016年第13集，第87-100页

徐加军：《山东枣庄画像石铺首艺术》，载顾森、邵泽水主编《大汉雄风——中国汉画学会第十一届年会论文集》，北京：高等教育出版社，2008年，第300-307页

徐振杰：《中国早期佛教造像民族化与世俗化研究》，博士学位论文，山东大学，2006年

许建春：《山东汉画像石研究的学术传统》，《美苑》2010年第2期，第18-19页

许菁：《山东汉画像石鸟图像研究》，硕士学位论文，东南大学，2016年

薛栋：《汉画像"翼兽"图像研究》，硕士学位论文，江苏师范大学，2018年

颜碧夏：《画像石、画像砖神仙信仰题材研究》，硕士学位论文，广西师范大学，2012年

杨爱国：《"一部绣像的汉代史"——解读山东汉画像石》，《东方收藏》2010年第9期，第19-23页

杨爱国：《山东地区古代墓室建筑装饰》，《东南文化》1997年第4期，第48-55页

杨爱国：《五十年来的汉画像石研究》，《东南文化》2005年第4期，第31-37页

杨泓：《中国古文物中所见人体造型艺术》，《文物》1987年第1期，第54-65页

杨宁：《图石为书：山东汉画像石造型文化特质研究》，硕士学位论文，广西师范大学，2010年

杨孝鸿：《四川汉代秘戏图画像砖的思考》，《四川文物》1996年第2期，第86-89页

杨宇全：《以山东出土的汉画像石为例谈汉画像石上的杂技"绝活"》，《杂技与魔术》2012年第2期，第52-53、61页

殷汝章：《山东安邱牟山水库发现大型石刻汉墓》，《文物》1960年第5期，第55-58、59页

袁野：《汉画像石造型研究——从汉代"气"论探讨汉画像石造型》，博士学位论文，中央美术学院，2011年

曾蓝莹：《作坊、格套与地域子传统：从山东安丘董家庄汉墓的制作痕迹谈起》，《美术史研究集刊》2000年第8期，台北：台湾大学艺术史研究所，第33-86页

曾宪波：《探析汉画中的风神雨神》，载中国汉画学会、四川博物院编《中国汉画学会第十二届年会论文集》，香港：中国国际文化出版社，2010年，第123-126页

张大鹏：《安丘董家庄汉墓画像石雕刻技法研究》，硕士学位论文，西安美术学院，2012年

张凯：《山东沂南北寨汉墓中的乐舞百戏》，硕士学位论文，上海戏剧学院，2008年

张旻昊：《柱身卷杀的传入与东西方的做法差异》，《建筑与文化》2015年第7期，第188-189页

张学海、蒋英炬、毕宝启：《山东安丘汉画象石墓发掘简报》，《文物》1964年第4期，第30-38、73-74页

张卓远：《南阳山东两地汉代画像墓葬之比较》，《中原文物》2012年第3期，第48-56页

赵碧玉：《试论祭祀题材的画像在汉墓中的配置问题》，《洛阳考古》2015年第4期，第75-80、88页

赵文滨：《汉画像石中的"孔子见老子"图像特征研究》，硕士学位论文，扬州大学，2013年

郑同修、杨爱国：《山东汉代墓葬形制初论》，《华夏考古》1996年第4期，第87-102页

郑岩：《安丘董家庄汉墓立柱雕刻图像考》，载山东大学历史系考古教研室编《纪念山东大学考古专业创建二十周年文集》，济南：山东大学出版社，1992年，第397-413页

郑岩：《关于安丘汉墓立柱雕像的说明》，《文物》1987年第4期，第89页

郑岩：《弯曲的柱子——陕北东汉画像石的一个细节》，载[美]巫鸿、朱青生、郑岩主编《古代墓葬美术研究（第二辑）》，长沙：湖南美术出版社，2013年，第149-167页

周丽华：《安丘石刻》，《文物鉴定与鉴赏》2018年第10期，第25-27页

朱存明、董良敏：《肖形印"神人操蛇"图像的产生及演变》，《中国美术研究》2012年第1、2合辑，第32-48页

朱叶：《伏羲女娲图像及宗教寓义源流初探》，硕士学位论文，新疆师范大学，2017年

祝佳：《春秋至南北朝（公元前7世纪—公元6世纪）中国有翼神兽类型及演变研究》，硕士学位论文，浙江大学，2013年

邹越：《汉画像石所见禳除旱灾题材的考古学研究》，硕士学位论文，天津师范大学，2017年

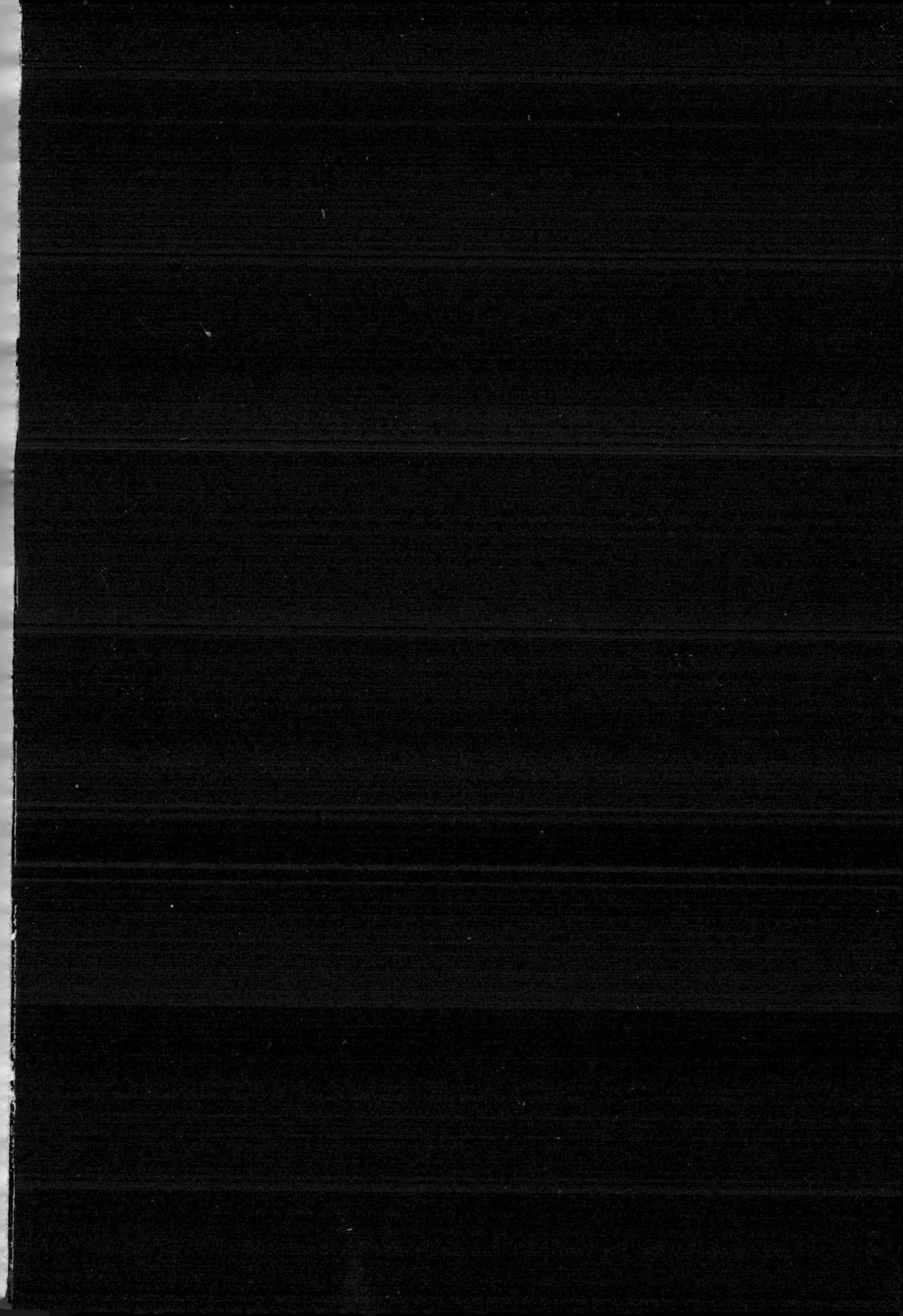